PART
30
of the
Qur'an

JUZ 'AMMA

Arabic and English Language with English Translation

Prepared by : Fisabilillah Organization
Authenticate Ulama's Organization

Published by: The Way of Islam, 6 Cave Street, Preston, Lancashire, PR1 4SP

BISMILLĀHIR - RAḤMĀNIR - RAḤĪM.
IN THE NAME OF ALLĀH, THE BENEFICENT, THE MERCIFUL.

INTRODUCTION

The Qur'ān is the Protected Word of Allāh. It is protected by Allāh Himself from any possibility of change, error or contradictions. It is His Word as it has no input besides His own. For Muslims it is the Basis of Islām itself, as the fundamental teachings of the dīn stem from this Divine source.

The last Juz' (or Pārā - section) is a collection of the shortest chapters of the Qur'ān. While these chapters may be short in length, the depth of their verses and the forcefulness and power of their messages give this section a significance of its own.

These short chapters can be very easily learnt by people who can read Arabic as well as those who cannot. An obvious advantage of committing even a few of these to heart is that one has a portion of the Qur'ān to recite in Ṣalāh, the second pillar and primary Farḍ act for Muslims. It is thus recommended that at least the last ten Sūrahs are committed to memory.

We remind the readers of the importance of the correct pronunciation of each letter and the correct recitation of all the intertwining words and passages. This is Tajwīd, and it is a science which must be practically acquired. We, therefore, re-emphasise the need of learning how to read Arabic, from someone competent as this cannot be done otherwise, even with the very best of transliterations.

THE MESSAGE OF THE THIRTIETH JUZ'

The thirtieth part of the Qur'ān has a special, distinctive colour. All the sūrahs are Makkan, except two, namely, al-Bayyinah and an-Naṣr. Although they vary in length, they are all short. More significant, however, is the fact that they form a single group with more or less the same theme. They have the same characteristics of rhythm, images, connotations and overall style.

They are, indeed, like a persistent and strong knocking on a door, or loud shouts seeking to awaken people who are fast asleep, or drunken men who have lost consciousness, or are in a night club, completely absorbed with their dancing or entertainment. The knocks and shouts come one after the other: Wake up! Look around you! Think! Reflect! There is a God! There is planning, trial, liability, reckoning, reward, severe punishment and lasting bliss. The same warning is repeated time after time. A strong hand shakes them violently. They seem to open their eyes, look around for a second and return to unconsciousness. The strong hand shakes them again, the shouts and knocks are repeated even more loudly. They may wake up once or twice to say obstinately, "No!" They may grab and the person warning them or insult him and then resume their position of inattention... He shakes them anew.

He shakes them, striking certain notes which touch men's hearts. It concentrates on certain scenes in the universe and in the world of the human soul, as well as certain events which take place on the Day of Decision.

4

Strong emphasis is laid, throughout this thirtieth part of the Qur'ān, on the origin of man as well as the origin of life, in both its vegetable and animal forms. Emphasis is also given to various scenes in the universe, and also various scenes of its future, of the Day of Resurrection, which is described in different places as *"the Greatest Catastrophe"*, *"the Stunning Blast"*, *"the Enveloper"*, etc.

Scenes of the Reckoning, fine reward and severe retribution are also given prominence. They are drawn with images which leave a stunning effect. All of these are given as proof of the reality of creation and elaborate planning of the universe by Allāh, as well as evidence confirming the reality of the life to come, and its decisive reckoning.

These scenes are, at times, combined with scenes of the fate of some of the nations who rejected the Divine messages. The whole of this part exemplifies all this.

Read the book of Allāh with thought and reflection, contemplating its message and inhaling its impact. A good tafsīr (exegesis) can be indispensable to gain a fuller understanding of the verses of the Qur'ān against the backdrop of the circumstances of their revelation and informative discussion of the language used.

May Allāh enlighten our lives around its wisdom.

"And Allāh invites to the Home of Peace, and he guides whom he wills to a way that is straight."

Yunus 25

Total Verse 40/٤٠ | an-Naba' THE TIDINGS | سورة النبأ | Sūrah 1/١

بِسْمِ ٱللَّهِ ٱلرَّحْمَٰنِ ٱلرَّحِيمِ

عَمَّ يَتَسَآءَلُونَ ﴿١﴾ عَنِ ٱلنَّبَإِ ٱلْعَظِيمِ ﴿٢﴾
ٱلَّذِى هُمْ فِيهِ مُخْتَلِفُونَ ﴿٣﴾ كَلَّا سَيَعْلَمُونَ ﴿٤﴾
ثُمَّ كَلَّا سَيَعْلَمُونَ ﴿٥﴾ أَلَمْ نَجْعَلِ ٱلْأَرْضَ مِهَٰدًا
﴿٦﴾ وَٱلْجِبَالَ أَوْتَادًا ﴿٧﴾ وَخَلَقْنَٰكُمْ أَزْوَٰجًا ﴿٨﴾
وَجَعَلْنَا نَوْمَكُمْ سُبَاتًا ﴿٩﴾ وَجَعَلْنَا ٱلَّيْلَ لِبَاسًا
﴿١٠﴾ وَجَعَلْنَا ٱلنَّهَارَ مَعَاشًا ﴿١١﴾ وَبَنَيْنَا فَوْقَكُمْ
سَبْعًا شِدَادًا ﴿١٢﴾ وَجَعَلْنَا سِرَاجًا وَهَّاجًا ﴿١٣﴾
وَأَنزَلْنَا مِنَ ٱلْمُعْصِرَٰتِ مَآءً ثَجَّاجًا ﴿١٤﴾ لِّنُخْرِجَ
بِهِۦ حَبًّا وَنَبَاتًا ﴿١٥﴾ وَجَنَّٰتٍ أَلْفَافًا ﴿١٦﴾ إِنَّ يَوْمَ

الْفَصْلِ كَانَ مِيقَٰتًا ﴿١٧﴾ يَوْمَ يُنفَخُ فِي
الصُّورِ فَتَأْتُونَ أَفْوَاجًا ﴿١٨﴾ وَفُتِحَتِ السَّمَآءُ
فَكَانَتْ أَبْوَابًا ﴿١٩﴾ وَسُيِّرَتِ الْجِبَالُ فَكَانَتْ سَرَابًا
﴿٢٠﴾ إِنَّ جَهَنَّمَ كَانَتْ مِرْصَادًا ﴿٢١﴾ لِّلطَّٰغِينَ
مَـَٔابًا ﴿٢٢﴾ لَّٰبِثِينَ فِيهَآ أَحْقَابًا ﴿٢٣﴾ لَّا يَذُوقُونَ
فِيهَا بَرْدًا وَلَا شَرَابًا ﴿٢٤﴾ إِلَّا حَمِيمًا وَغَسَّاقًا ﴿٢٥﴾
جَزَآءً وِفَاقًا ﴿٢٦﴾ إِنَّهُمْ كَانُوا۟ لَا يَرْجُونَ
حِسَابًا ﴿٢٧﴾ وَكَذَّبُوا۟ بِـَٔايَٰتِنَا كِذَّابًا ﴿٢٨﴾ وَكُلَّ
شَىْءٍ أَحْصَيْنَٰهُ كِتَٰبًا ﴿٢٩﴾ فَذُوقُوا۟ فَلَن
نَّزِيدَكُمْ إِلَّا عَذَابًا ﴿٣٠﴾ إِنَّ لِلْمُتَّقِينَ مَفَازًا ﴿٣١﴾
حَدَآئِقَ وَأَعْنَٰبًا ﴿٣٢﴾ وَكَوَاعِبَ أَتْرَابًا ﴿٣٣﴾

وَكَأْسًا دِهَاقًا ﴿٣٤﴾ لَّا يَسْمَعُونَ فِيهَا لَغْوًا وَّلَا

كِذَّٰبًا ﴿٣٥﴾ جَزَآءً مِّن رَّبِّكَ عَطَآءً حِسَابًا ﴿٣٦﴾

رَّبِّ السَّمَٰوَٰتِ وَالْأَرْضِ وَمَا بَيْنَهُمَا الرَّحْمَٰنِ

لَا يَمْلِكُونَ مِنْهُ خِطَابًا ﴿٣٧﴾ يَوْمَ يَقُومُ الرُّوحُ

وَالْمَلَٰٓئِكَةُ صَفًّاۖ لَّا يَتَكَلَّمُونَ إِلَّا مَنْ أَذِنَ

لَهُ الرَّحْمَٰنُ وَقَالَ صَوَابًا ﴿٣٨﴾ ذَٰلِكَ الْيَوْمُ الْحَقُّۖ

فَمَن شَآءَ اتَّخَذَ إِلَىٰ رَبِّهِۦ مَـَٔابًا ﴿٣٩﴾ إِنَّآ أَنذَرْنَٰكُمْ

عَذَابًا قَرِيبًا ۖ يَوْمَ يَنظُرُ الْمَرْءُ مَا قَدَّمَتْ

يَدَاهُ وَيَقُولُ الْكَٰفِرُ يَٰلَيْتَنِى كُنتُ تُرَٰبًۢا ﴿٤٠﴾

BISMIL-LĀHIR-RAḤMĀNIR-RAḤĪM

1. `AMMA YATASĀ ‘ALŪN.

2. `ANIN-NABA’IL-`AẒĪM.

3. ‘ALLADHĪ HUM FĪHI MUKHTALIFŪN.

4. KALLĀ SAYA`LAMŪN.
5. THUMMA KALLĀ SAYA`LAMŪN.
6. 'A LAM NAJ`ALIL 'ARḌA MIHĀDĀ.
7. WAL-JIBĀLA 'AWTĀDĀ.
8. WA KHALAQ-NĀKUM 'AZWĀJĀ.
9. WA JA-`ALNĀ NAWMAKUM SUBĀTĀ.
10. WA JA-`ALNAL-LAYLA LIBĀSĀ.
11. WA JA-`ALNAN-NAHĀRA MA-`ĀSHĀ.
12. WA BANAYNĀ FAWQAKUM SAB`AN SHIDĀDĀ.
13. WA JA-`ALNĀ SIRĀJAW-WAH-HĀJĀ.
14. WA 'ANZALNĀ MINAL-MU`ṢIRĀTI MĀ'AN THAJJĀJĀ.
15. LINUKH-RIJA BIHĪ ḤABBAW-WANABĀTĀ.
16. WA JANNĀTIN 'ALFĀFĀ.
17. 'INNA YAWMAL-FAṢLI KĀNA MĪQĀTĀ.
18. YAWMA YUNFAKHU FIṢ-ṢŪRI FATA'TŪNA 'AFWĀJĀ.
19. WA FUTIḤATIS-SAMĀ'U FAKĀNAT 'ABWĀBĀ.
20. WA SUYYIRATIL-JIBĀLU FAKĀNAT SARĀBĀ.
21. 'INNA JAHANNAMA KĀNAT MIRṢĀDĀ.
22. LIṬ-ṬĀGHĪNA MA-'ĀBĀ.
23. LĀBITHĪNA FĪHĀ 'AḤQĀBĀ.
24. LĀ YADHŪQŪNA FĪHĀ BARDAW-WA LĀ SHARĀBĀ.
25. 'ILLĀ ḤAMĪMAW-WA GHASSĀQĀ.
26. JAZĀ'AW-WIFĀQĀ.
27. 'INNAHUM KĀNŪ LĀ YARJŪNA ḤISĀBĀ.
28. WA KADH-DHABŪ BI 'ĀYĀTINĀ KIDH-DHĀBĀ.
29. WA KULLA SHAY'IN 'AḤṢAYNĀHU KITĀBĀ.
30. FADHŪQŪ FA LAN NAZĪDAKUM 'ILLĀ `ADHĀBĀ.
31. 'INNA LIL-MUTTAQĪNA MAFĀZĀ.

32. ḤADĀ'IQA WA 'A`NĀBĀ.

33. WA KAWĀ-`IBA 'ATRĀBĀ.

34. WA KA'SAN DIHĀQĀ.

35. LĀ YASMA-`ŪNA FĪHĀ LAGHWAW-WA LĀ KIDH-DHĀBĀ.

36. JAZĀ'AM-MIR-RABBIKA `AṬĀ'AN ḤISĀBĀ.

37. RABBIS-SAMĀWĀTI WAL 'ARḌI WA MĀ BAYNAHUMAR-
RAḤMĀNI LĀ YAMLIKŪNA MINHU KHIṬĀBĀ.

38. YAWMA YAQŪMUR-RŪḤU WAL-MALĀ'IKATU ṢAFFĀ.
LĀ YATAKAL-LAMŪNA 'ILLĀ MAN 'ADHINA
LAHUR-RAḤMĀNU WA QĀLA ṢAWĀBĀ.

39. DHĀLIKAL YAWMUL ḤAQQ.
FA MAN SHĀ'AT-TAKHADHA 'ILĀ RABBIHĪ MA-'ĀBĀ.

40. 'INNĀ 'ANDHAR-NĀKUM `ADHĀBAN QARĪBĀ.
YAWMA YANẒURUL MAR'U MĀ QADDAMAT YADĀHU WA
YAQŪLUL KĀFIRU YĀLAYTANĪ KUNTU TURĀBĀ.

In the name of Allāh ﷻ the Most-merciful, the Most-Beneficient.

1. What are they asking each another about?
2. About the great news,
3. About which they are in disagreement.
4. Never! They will soon come to know!
5. Again never! They will soon come to know!
6. Have We not made the earth as a bed,
7. And the mountains as pegs?
8. And We have created you in pairs (male and female).
9. And We have made your sleep as a means for rest.
10. And have made the night as a covering (through its darkness),
11. And We have made the day for livelihood.
12. And We have built above you seven strong (heavens),

13. And We have made (therein) a shining lamp (sun).
14. And We have sent down from the rain clouds, plentiful water.
15. That We may produce therewith maize and vegetation,
16. And gardens of thick growth.
17. Verily, the Day of Decision is a fixed time,
18. The Day when the Trumpet will be blown, and you shall come forth in crowds.
19. And the sky shall be opened, and it will become as gates,
20. And the mountains shall be moved away from their places and they will be as if they were a mirage.
21. Truly, Hell lies in ambush -
22. A dwelling place for the Ṭāghūn (those who transgress the limits set by Allāh),
23. They will abide therein for ages,
24. Neither anything cool (pleasing) shall they taste therein, nor any drink.
25. Except boiling water, and dirty wound discharges -
26. An exact recompense (in accordance to their evil crimes).
27. For verily, they used not to look for a reckoning.
28. But they denied Our signs, completely.
29. And all things We have recorded in a Book.
30. So taste (the results of your deeds). No increase shall We give you, except in torment.
31. Verily, for the god-fearing there will be a success;
32. Gardens and vineyards,
33. And voluptuous maidens of equal age,
34. And a full cup.
35. No futile (unpleasant) talk shall they hear therein, nor lying;
36. A reward from your Lord, a plentiful, calculated gift (as deserving of their good deeds).
37. (A reward from) the Lord of the heavens and the earth, and whatsoever is in between them, the Most Gracious, with Whom

they cannot dare to speak (on the Day of Resurrection except by His Leave).
38. The Day that the Spirit, (Jibrīl ﷺ) and the angels will stand forth in rows, they will not speak, except he whom the Most Gracious allows, and he will speak what is right.
39. That, without doubt is the True Day. So, whosoever wills, let him seek a way to His Lord!
40. Verily, We have warned you of an imminent punishment - the Day when man will see that which his hands have sent forth (of his deeds), and the disbeliever will say: "If only I were dust!"

Total Verse 46/٤٦	an-Nāzi`āt WHO DRAG FORTH	سورة النازعات	Sūrah 2/٢

بِسْمِ اللَّهِ الرَّحْمَٰنِ الرَّحِيمِ

وَالنَّٰزِعَٰتِ غَرْقًا ﴿١﴾ وَالنَّٰشِطَٰتِ نَشْطًا ﴿٢﴾
وَالسَّٰبِحَٰتِ سَبْحًا ﴿٣﴾ فَالسَّٰبِقَٰتِ سَبْقًا ﴿٤﴾
فَالْمُدَبِّرَٰتِ أَمْرًا ﴿٥﴾ يَوْمَ تَرْجُفُ الرَّاجِفَةُ ﴿٦﴾
تَتْبَعُهَا الرَّادِفَةُ ﴿٧﴾ قُلُوبٌ يَوْمَئِذٍ وَاجِفَةٌ ﴿٨﴾
أَبْصَٰرُهَا خَٰشِعَةٌ ﴿٩﴾ يَقُولُونَ أَءِنَّا لَمَرْدُودُونَ

فِي الْحَافِرَةِ ﴿١٠﴾ ءَإِذَا كُنَّا عِظَامًا نَّخِرَةً ﴿١١﴾ قَالُوْا
تِلْكَ إِذًا كَرَّةٌ خَاسِرَةٌ ﴿١٢﴾ فَإِنَّمَا هِيَ زَجْرَةٌ وَّاحِدَةٌ
﴿١٣﴾ فَإِذَا هُمْ بِالسَّاهِرَةِ ﴿١٤﴾ هَلْ أَتٰىكَ حَدِيْثُ
مُوْسٰى ﴿١٥﴾ إِذْ نَادٰىهُ رَبُّهٗ بِالْوَادِ الْمُقَدَّسِ
طُوًى ﴿١٦﴾ اِذْهَبْ إِلٰى فِرْعَوْنَ إِنَّهٗ طَغٰى ﴿١٧﴾
فَقُلْ هَلْ لَّكَ إِلٰٓى أَنْ تَزَكّٰى ﴿١٨﴾ وَأَهْدِيَكَ إِلٰى
رَبِّكَ فَتَخْشٰى ﴿١٩﴾ فَأَرٰىهُ الْاٰيَةَ الْكُبْرٰى ﴿٢٠﴾
فَكَذَّبَ وَعَصٰى ﴿٢١﴾ ثُمَّ أَدْبَرَ يَسْعٰى ﴿٢٢﴾ فَحَشَرَ
فَنَادٰى ﴿٢٣﴾ فَقَالَ أَنَا رَبُّكُمُ الْأَعْلٰى ﴿٢٤﴾
فَأَخَذَهُ اللّٰهُ نَكَالَ الْاٰخِرَةِ وَالْأُوْلٰى ﴿٢٥﴾ إِنَّ فِيْ
ذٰلِكَ لَعِبْرَةً لِّمَنْ يَّخْشٰى ﴿٢٦﴾ ءَأَنْتُمْ أَشَدُّ خَلْقًا

أَمِ السَّمَآءُ ج بَنٰىهَا ﴿٢٧﴾ رَفَعَ سَمْكَهَا فَسَوّٰىهَا
﴿٢٨﴾ وَأَغْطَشَ لَيْلَهَا وَأَخْرَجَ ضُحٰىهَا ﴿٢٩﴾
وَالْأَرْضَ بَعْدَ ذٰلِكَ دَحٰىهَا ﴿٣٠﴾ أَخْرَجَ مِنْهَا
مَآءَهَا وَمَرْعٰىهَا ﴿٣١﴾ وَالْجِبَالَ أَرْسٰىهَا ﴿٣٢﴾
مَتَاعًا لَّكُمْ وَلِأَنْعَامِكُمْ ﴿٣٣﴾ فَإِذَا جَآءَتِ الطَّآمَّةُ
الْكُبْرٰى ﴿٣٤﴾ يَوْمَ يَتَذَكَّرُ الْإِنْسَانُ مَا سَعٰى ﴿٣٥﴾
وَبُرِّزَتِ الْجَحِيمُ لِمَنْ يَّرٰى ﴿٣٦﴾ فَأَمَّا مَنْ طَغٰى
﴿٣٧﴾ وَاٰثَرَ الْحَيٰوةَ الدُّنْيَا ﴿٣٨﴾ فَإِنَّ الْجَحِيمَ هِيَ
الْمَأْوٰى ﴿٣٩﴾ وَأَمَّا مَنْ خَافَ مَقَامَ رَبِّهِۦ وَنَهَى
النَّفْسَ عَنِ الْهَوٰى ﴿٤٠﴾ فَإِنَّ الْجَنَّةَ هِيَ الْمَأْوٰى
﴿٤١﴾ يَسْـَٔلُونَكَ عَنِ السَّاعَةِ أَيَّانَ مُرْسٰىهَا ﴿٤٢﴾

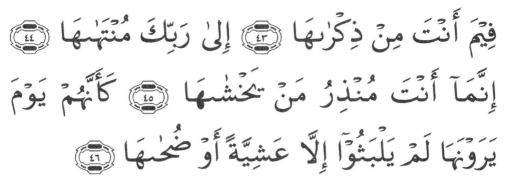

فِيمَ أَنتَ مِن ذِكْرَىٰهَآ ﴿٤٣﴾ إِلَىٰ رَبِّكَ مُنتَهَىٰهَآ ﴿٤٤﴾
إِنَّمَآ أَنتَ مُنذِرُ مَن يَخْشَىٰهَا ﴿٤٥﴾ كَأَنَّهُمْ يَوْمَ
يَرَوْنَهَا لَمْ يَلْبَثُوٓا۟ إِلَّا عَشِيَّةً أَوْ ضُحَىٰهَا ﴿٤٦﴾

BISMIL-LĀHIR-RAḤMĀNIR-RAḤĪM.

1. WAN-NĀZI-`ĀTI GHARQĀ.
2. WAN-NĀSHIṬĀTI NASHṬĀ.
3. WAS-SĀBIḤĀTI SABḤĀ.
4. FAS-SĀBIQĀTI SABQĀ.
5. FAL MUDAB-BIRĀTI ‘AMRĀ.
6. YAWMA TARJUFUR-RĀJIFAH.
7. TATBA-`UHAR-RĀDIFAH.
8. QULŪBUY-YAWMA-’IDHIW-WĀJIFAH.
9. ‘ABṢĀRUHĀ KHĀSHI-`AH.
10. YAQŪLŪNA ‘A’INNĀ LAMAR-DŪDŪNA FIL ḤĀFIRAH.
11. ‘A’IDHA KUNNĀ `IẒĀMAN-NAKHIRAH.
12. QĀLŪ TILKA ‘IDHAN KARRATUN KHĀSIRAH.
13. FA ‘INNAMĀ HIYA ZAJRATUW-WĀḤIDAH.
14. FA ‘IDHĀ HUM BIS-SĀḤIRAH.
15. HAL ‘ATĀKA ḤADĪTHU MŪSĀ.
16. ‘IDH NĀDĀHU RABBUHŪ BIL WĀDIL MUQADDASI ṬUWĀ.
17. ‘IDH-HAB ‘ILĀ FIR`AWNA ‘INNAHŪ ṬAGHĀ.
18. FA QUL HAL LAKA ILĀ ‘AN TAZAKKĀ.
19. WA ‘AHDIYAKA ‘ILĀ RABBIKA FA TAKH-SHĀ.

20. FA 'ARĀHUL 'ĀYATAL KUBRĀ.

21. FAKADH-DHABA WA-`AṢĀ.

22. THUMMA 'ADBARA YAS`Ā.

23. FA ḤASHARA FA NĀDĀ.

24. FA QĀLA 'ANA RAB-BUKUMUL 'A`LĀ.

25. FA 'AKHADHAHUL-LĀHU NAKĀLAL 'ĀKHIRATI WAL 'ŪLĀ.

26. 'INNA FĪ DHĀLIKA LA-`IBRATAL LIMAY-YAKHSHĀ.

27. 'A-'ANTUM 'ASHADDU KHALQAN 'AMIS-SAMĀ', BANĀHĀ.

28. RAFA-`A SAMKAHĀ FASAW-WĀHĀ.

29. WA 'AGHṬASHA LAYLAHĀ WA 'AKHRAJA ḌUḤĀHĀ.

30. WAL 'ARḌA BA`DA DHĀLIKA DAḤĀHĀ.

31. 'AKHRAJA MINHĀ MĀ-'AHĀ WA MAR`ĀHĀ.

32. WAL JIBĀLA 'ARSĀHĀ.

33. MATĀ-`AL LAKUM WALI 'AN`ĀMIKUM.

34. FA 'IDHĀ JĀ-'ATIṬ-ṬĀMMATUL KUBRĀ.

35. YAWMA YATADHAK-KARUL 'INSĀNU MĀ SA-`Ā.

36. WA BURRIZATIL JAḤĪMU LIMAY YARĀ.

37. FA 'AMMĀ MAN ṬAGHĀ.

38. WA 'ĀTHARAL ḤAYĀTAD-DUNYĀ.

39. FA 'INNAL JAḤĪMA HIYAL MA'WĀ.

40. WA 'AMMĀ MAN KHĀFA MAQĀMA RABBIHĪ WA NAHAN-
NAFSA `ANIL HAWĀ.

41. FA 'INNAL JANNATA HIYAL MA'WĀ.

42. YAS'ALŪNAKA `ANIS-SĀ-`ATI 'AYYĀNA MURSĀHĀ.

43. FĪMA 'ANTA MIN DHIKRĀHĀ.

44. 'ILĀ RABBIKA MUNTAHĀHĀ.

45. 'INNAMĀ 'ANTA MUN-DHIRU MAY-YAKH-SHĀHĀ.

46. KA-'ANNAHUM YAWMA YARAW-NAHĀ LAM YALBATHŪ
'ILLĀ `ASHIYYATAN 'AW ḌUḤĀHĀ.

16

1. By the (angels) who violently tear out (the wicked souls);
2. By those who gently draw out (the souls of the blessed);
3. And by those who glide along (on errands),
4. Then press forward as in a race,
5. Then arrange to do (the Commands of their Lord),
6. On that day, all that can be in shake, will tremble.
7. Followed by repeating (commotions):
8. Hearts that Day will be greatly troubled;
9. Cast down will be their (owners') eyes.
10. (Now) they say: "Will we be returned to (our) former state?
11. "When we shall have become rotten bones?"
12. They say: "It, in that case, will be a loss-making return!"
13. But verily, it will be but one (compelling) Cry,
14. When, behold! they will be awakened (for Judgment).
15. Has the story of Mūsā عليه السلام (Moses) reached you?
16. When your Lord called him in the sacred valley of Ṭuwā:
17. "(O Mūsā عليه السلام) Go to Pharaoh, indeed he has transgressed.
18. "And say to him, 'Is it for you, that you should be purified?
19. "'And that I guide you to your Lord, so you may fear Him?'"
20. Then did he (Mūsā عليه السلام) show him (Pharaoh) the Great Sign.
21. But (Pharaoh) rejected it and disobeyed.
22. Further, he turned his back, striving hard (against Allāh سبحانه وتعالى).
23. Then he collected (his men) and proclaimed;
24. Saying, "I am your lord, most high."
25. But Allāh exemplified his punishment,
in the Hereafter, and in this life.
26. Verily in this is an instructive warning for he who fears (Him)
27. Are you more difficult to create or the heaven (Universe)?
(Allāh) has constructed it:
28. High, has He raised its canopy, and He has straightened it.
29. Its night, He darkens, and its light He causes to radiate.
30. And the earth, thereafter, He has spread (wide);
31. He draws out there from its water and its pasture;
32. And the mountains He has firmly fixed;

33. *For your use and convenience and for your livestock.*
34. *Therefore, when there comes the Great Catastrophe,*
35. *The Day when Man shall remember what he strove for,*
36. *And Hell-Fire shall be brought forth for all to see,*
37. *Then, as for he, who had transgressed all bounds,*
38. *And had preferred the life of this world,*
39. *Definitely, Hell-Fire will be the Abode.*
40. *And as for he, who had feared standing before his Lord, and had restrained (his) soul from (its) desires,*
41. *Definitely, the Garden will be the Abode.*
42. *They ask you about the Hour, 'When will be its fixed time?'*
43. *In what (concern) are you with its declaration?*
44. *By your Lord is its Limit (end/occurrence).*
45. *Indeed you are but a Warner for he who fears it.*
46. *It is as if the day they see it, they had waited but a single evening, or the following morn!*

Total Verse	Al-`Abas THE FROWNING	سورة العبس	Surah
42/٤٢			3/٣

بِسْمِ اللّٰهِ الرَّحْمٰنِ الرَّحِيْمِ

عَبَسَ وَتَوَلّٰىٓ ﴿١﴾ أَنْ جَآءَهُ الْأَعْمٰى ﴿٢﴾ وَمَا
يُدْرِيكَ لَعَلَّهٗ يَزَّكّٰىٓ ﴿٣﴾ أَوْ يَذَّكَّرُ فَتَنْفَعَهُ
الذِّكْرٰى ﴿٤﴾ أَمَّا مَنِ اسْتَغْنٰى ﴿٥﴾ فَأَنْتَ لَهٗ
تَصَدّٰى ﴿٦﴾ وَمَا عَلَيْكَ أَلَّا يَزَّكّٰى ﴿٧﴾ وَأَمَّا مَنْ

جَآءَكَ يَسْعَىٰ ﴿٨﴾ وَهُوَ يَخْشَىٰ ﴿٩﴾ فَأَنتَ عَنْهُ

تَلَهَّىٰ ﴿١٠﴾ كَلَّآ إِنَّهَا تَذْكِرَةٌ ﴿١١﴾ فَمَن شَآءَ ذَكَرَهُۥ

﴿١٢﴾ فِى صُحُفٍ مُّكَرَّمَةٍ ﴿١٣﴾ مَّرْفُوعَةٍ مُّطَهَّرَةٍۭ ﴿١٤﴾

بِأَيْدِى سَفَرَةٍ ﴿١٥﴾ كِرَامٍۭ بَرَرَةٍ ﴿١٦﴾ قُتِلَ

الْإِنسَانُ مَآ أَكْفَرَهُۥ ﴿١٧﴾ مِنْ أَىِّ شَىْءٍ خَلَقَهُۥ

﴿١٨﴾ مِن نُّطْفَةٍ ج خَلَقَهُۥ فَقَدَّرَهُۥ ﴿١٩﴾ ثُمَّ

السَّبِيلَ يَسَّرَهُۥ ﴿٢٠﴾ ثُمَّ أَمَاتَهُۥ فَأَقْبَرَهُۥ ﴿٢١﴾ ثُمَّ

إِذَا شَآءَ أَنشَرَهُۥ ﴿٢٢﴾ كَلَّا لَمَّا يَقْضِ مَآ أَمَرَهُۥ

﴿٢٣﴾ فَلْيَنظُرِ الْإِنسَانُ إِلَىٰ طَعَامِهِۦٓ ﴿٢٤﴾ أَنَّا

صَبَبْنَا الْمَآءَ صَبًّا ﴿٢٥﴾ ثُمَّ شَقَقْنَا الْأَرْضَ

شَقًّا ﴿٢٦﴾ فَأَنۢبَتْنَا فِيهَا حَبًّا ﴿٢٧﴾ وَعِنَبًا وَقَضْبًا

وَزَيْتُونًا وَنَخْلًا ﴿٢٩﴾ وَحَدَآئِقَ غُلْبًا ﴿٣٠﴾
وَفَاكِهَةً وَأَبًّا ﴿٣١﴾ مَّتَاعًا لَّكُمْ وَلِأَنْعَامِكُمْ ﴿٣٢﴾
فَإِذَا جَآءَتِ الصَّآخَّةُ ﴿٣٣﴾ يَوْمَ يَفِرُّ الْمَرْءُ مِنْ
أَخِيهِ ﴿٣٤﴾ وَأُمِّهِۦ وَأَبِيهِ ﴿٣٥﴾ وَصَاحِبَتِهِۦ وَبَنِيهِ
﴿٣٦﴾ لِكُلِّ امْرِئٍ مِّنْهُمْ يَوْمَئِذٍ شَأْنٌ يُغْنِيهِ ﴿٣٧﴾
وُجُوهٌ يَوْمَئِذٍ مُّسْفِرَةٌ ﴿٣٨﴾ ضَاحِكَةٌ مُّسْتَبْشِرَةٌ
﴿٣٩﴾ وَوُجُوهٌ يَوْمَئِذٍ عَلَيْهَا غَبَرَةٌ ﴿٤٠﴾ تَرْهَقُهَا
قَتَرَةٌ ﴿٤١﴾ أُولَٰٓئِكَ هُمُ الْكَفَرَةُ الْفَجَرَةُ ﴿٤٢﴾

BISMIL-LĀHIR-RAḤMĀNIR-RAḤĪM.

1. `ABASA WA TAWALLĀ.
2. ‘AN JĀ-’AHUL ‘A`MĀ.
3. WA MĀ YUD-RĪKA LA-`AL-LAHŪ YAZZAKKĀ.
4. ‘AW YADH-DHAKKARU FA TANFA-`AHUDH-DHIKRĀ.
5. ‘AMMĀ MANIS-TAGHNĀ.
6. FA ‘ANTA LAHŪ TAṢADDĀ.

7. WA MĀ ʿALAYKA ʿALLĀ YAZZAKKĀ.

8. WA ʿAMMĀ MAN JĀ-ʾAKA YASʿĀ.

9. WA HUWA YAKHSHĀ.

10. FA ʿANTA ʿANHU TALAHHĀ.

11. KALLĀ ʿINNAHĀ TADHKIRAH.

12. FA MAN SHĀʾA DHAKARAH.

13. FĪ ṢUḤUFIM-MUKAR-RAMAH.

14. MARFŪ-ʿATIM-MUṬAH-HARAH.

15. BI ʿAYDĪ SAFARAH.

16. KIRĀMIM BARARAH.

17. QUTILAL ʿINSĀNU MĀ ʿAKFARAH.

18. MIN ʿAYYI SHAYʾIN KHALAQAH.

19. MIN NUṬFAH. KHALAQAHŪ FAQAD-DARAH.

20. THUMMAS-SABĪLA YASSARAH.

21. THUMMA ʿAMĀTAHŪ FA ʿAQBARAH.

22. THUMMA ʿIDHĀ SHĀʾA ʿANSHARAH.

23. KALLĀ LAMMĀ YAQḌI MĀ ʿAMARAH.

24. FAL-YANẒURIL ʿINSĀNU ʿILĀ ṬA-ʿĀMIH.

25. ʿANNĀ ṢABABNAL MĀʾA ṢABBĀ.

26. THUMMA SHAQAQNAL ʿARḌA SHAQQĀ.

27. FA ʿAMBATNĀ FĪHA ḤABBĀ.

28. WA ʿINABAW WA QAḌBĀ.

29. WA ZAYTŪNAW WA NAKHLĀ.

30. WA ḤADĀ-ʾIQA GHULBĀ.

31. WA FĀKIHATAW WA ʿABBĀ.

32. MATĀ-ʿAL LAKUM WA LI-ʾANʿĀMIKUM.

33. FA ʿIDHĀ JĀʾATIṢ-ṢĀKH-KHAH.

34. YAWMA YAFIRRUL MARʾU MIN ʿAKHĪH.

35. WA ʿUMMIHĪ WA ʿABĪH.

21

36. WA ṢĀḤIBATIHĪ WA BANĪH.
37. LI KULLIM-RI-'IM MINHUM YAWMA-'IDHIN
SHA'NUY-YUGH-NĪH.
38. WUJŪHUY YAWMA-'IDHIM MUSFIRAH.
39. ḌĀḤIKATUM MUSTAB-SHIRAH.
40. WA WUJŪHUY YAWMA-'IDHIN ʿALAYHĀ GHABARAH.
41. TAR-HAQUHĀ QATARAH.
42. ʿULĀ'IKA HUMUL KAFARATUL FAJARAH.

1. He (The Prophet) frowned and turned away,
2. Because there came to him the blind man (interrupting).
3. What could tell you that perchance he may increase
(in understanding)?
4. Or that he might receive admonition,
and the teaching might profit him?
5. As to one who regards himself as self-sufficient
(the disbeliever to whom you preach),
6. To him you attend;
7. Though you are not blame
if he does not increase (in understanding).
8. But as to him who came to you striving (earnestly),
9. And has fear (in his heart),
10. Of him you were unmindful.
11. By no means (should it be so)!
For it (this) is indeed an instruction:
12. So whoever wishes will keep it in remembrance.
13. (It is) in Books held in honour,
14. Exalted, kept pure and holy,
15. (Written) by the hands of scribes,
16. Honourable, pious and just.
17. Destruction to man! Why does he reject Him (Allāh)?
18. From what thing has He created him?

19. From a sperm-drop. He has created him, and then moulded him in due proportions;
20. Then He makes his path smooth for him;
21. Then He causes him to die, and places him in his Grave;
22. Then, when He Wills, He will resurrect him.
23. By no means has he (man) fulfilled what He (Allāh) has commanded him.
24. Thereafter let man look at his Food.
25. Verily, We poured water in abundance,
26. Then We split the earth in fragments,
27. We have produced therein grain,
28. And Grapes and nutritious Plants,
29. And Olives and Dates,
30. And Gardens, dense with trees,
31. And Fruits and Fodder,
32. For your use and convenience and for your livestock.
33. When there comes the Deafening Noise,
34. That Day shall a man flee from his own brother,
35. And from his mother and his father,
36. And from his wife and his children.
37. Each one of them, that Day, will be in a state that will keep him indifferent.
38. Some Faces that Day will be beaming,
39. Laughing, rejoicing.
40. And other faces that Day will be dust-stained;
41. Blackness will cover them:
42. Such will be the disbelievers, the wretched transgressors.

Total Verse 29/٢٩	at-Takwīr THE COMPACTING	سورة التكوير	Surah 4/٤

بِسْمِ اللهِ الرَّحْمٰنِ الرَّحِيْمِ

إِذَا الشَّمْسُ كُوِّرَتْ ﴿١﴾ وَإِذَا النُّجُومُ انكَدَرَتْ
﴿٢﴾ وَإِذَا الْجِبَالُ سُيِّرَتْ ﴿٣﴾ وَإِذَا الْعِشَارُ عُطِّلَتْ
﴿٤﴾ وَإِذَا الْوُحُوشُ حُشِرَتْ ﴿٥﴾ وَإِذَا الْبِحَارُ
سُجِّرَتْ ﴿٦﴾ وَإِذَا النُّفُوسُ زُوِّجَتْ ﴿٧﴾ وَإِذَا
الْمَوْءُۥدَةُ سُئِلَتْ ﴿٨﴾ بِأَيِّ ذَنۢبٍ قُتِلَتْ ﴿٩﴾ وَإِذَا
الصُّحُفُ نُشِرَتْ ﴿١٠﴾ وَإِذَا السَّمَآءُ كُشِطَتْ ﴿١١﴾
وَإِذَا الْجَحِيمُ سُعِّرَتْ ﴿١٢﴾ وَإِذَا الْجَنَّةُ أُزْلِفَتْ ﴿١٣﴾
عَلِمَتْ نَفْسٌ مَّآ أَحْضَرَتْ ﴿١٤﴾ فَلَآ أُقْسِمُ
بِالْخُنَّسِ ﴿١٥﴾ الْجَوَارِ الْكُنَّسِ ﴿١٦﴾ وَالَّيْلِ إِذَا
عَسْعَسَ ﴿١٧﴾ وَالصُّبْحِ إِذَا تَنَفَّسَ ﴿١٨﴾ إِنَّهُۥ
لَقَوْلُ رَسُولٍ كَرِيمٍ ﴿١٩﴾ ذِى قُوَّةٍ عِندَ ذِى

الْعَرْشِ مَكِينٍ ﴿٢٠﴾ مُّطَاعٍ ثَمَّ أَمِينٍ ﴿٢١﴾ وَمَا
صَاحِبُكُم بِمَجْنُونٍ ﴿٢٢﴾ وَلَقَدْ رَءَاهُ بِالْأُفُقِ
الْمُبِينِ ﴿٢٣﴾ وَمَا هُوَ عَلَى الْغَيْبِ بِضَنِينٍ ﴿٢٤﴾ وَمَا
هُوَ بِقَوْلِ شَيْطَٰنٍ رَّجِيمٍ ﴿٢٥﴾ فَأَيْنَ تَذْهَبُونَ
﴿٢٦﴾ إِنْ هُوَ إِلَّا ذِكْرٌ لِّلْعَٰلَمِينَ ﴿٢٧﴾ لِمَن شَآءَ
مِنكُمْ أَن يَسْتَقِيمَ ﴿٢٨﴾ وَمَا تَشَآءُونَ إِلَّآ أَن يَشَآءَ
اللَّهُ رَبُّ الْعَٰلَمِينَ ﴿٢٩﴾

BISMIL-LĀHIR-RAḤMĀNIR-RAḤĪM

1. ‘IDHASH-SHAMSU KUWWIRAT.
2. WA ‘IDHAN-NUJŪMUN-KADARAT.
3. WA ‘IDHAL JIBĀLU SUYYIRAT.
4. WA ‘IDHAL `ISHĀRU `UṬṬILAT.
5. WA ‘IDHAL WUḤŪSHU ḤUSHIRAT.
6. WA ‘IDHAL BIḤĀRU SUJJIRAT.
7. WA ‘IDHAN-NUFŪSU ZUWWIJAT.
8. WA ‘IDHAL MAW’ŪDATU SU-’ILAT.
9. BI ‘AYYI DHAMBIN QUTILAT.

10. WA 'IDHAṢ-ṢUḤUFU NUSHIRAT.
11. WA 'IDHAS-SAMĀ'U KUSHIṬAT.
12. WA 'IDHAL JAḤĪMU SU`-`IRAT.
13. WA 'IDHAL JANNATU 'UZLIFAT.
14. `ALIMAT NAFSUM MĀ 'AḤḌARAT.
15. FA LĀ 'UQSIMU BIL KHUNNAS.
16. 'AL-JAWĀRIL KUNNAS.
17. WAL-LAYLI 'IDHĀ `AS`AS.
18. WAṢ-ṢUBḤI 'IDHĀ TANAFFAS.
19. 'INNAHŪ LA QAWLU RASŪLIN KARĪM.
20. DHĪ QUWWATIN `INDA DHIL `ARSHI MAKĪN.
21. MUṬĀ-`IN THAMMA 'AMĪN.
22. WA MĀ ṢĀḤIBUKUM BI MAJNŪN.
23. WA LAQAD RA-'ĀHU BIL 'UFUQIL MUBĪN.
24. WA MĀ HUWA `ALAL GHAYBI BI ḌANĪN.
25. WA MĀ HUWA BI QAWLI SHAYṬĀNIR-RAJĪM.
26. FA 'AYNA TADH-HABŪN.
27. 'IN HUWA 'ILLĀ DHIKRUL LIL `ĀLAMĪN.
28. LIMAN SHĀ-'A MINKUM 'AY-YASTAQĪM.
29. WA MĀ TASHĀ-'ŪNA
'ILLĀ 'AY-YASHĀ-'ALLĀHU RABBUL `ĀLAMĪN.

1. When the sun is folded up;
2. When the stars fall dimmed out;
3. When the mountains disintegrate;
4. When the ten-month pregnant she-camels, are left untended;
5. When the wild beasts are herded together;
6. When the oceans are made to rise through boiling;
7. When the souls are joined, like with like;
8. When the girl who was buried alive, is questioned,

9. For what crime she was killed;
10. When the Scrolls (of deeds) are laid open;
11. When the skies are torn open;
12. When the Blazing Hell-Fire is kindled hotter;
13. And when the Garden is brought in full-view, near;
14. (Then) shall each soul know what it has brought forward.
15. So verily I call to witness, those Planets, that recede,
16. That go straight, or hide; 17. And the Night as it dissipates;
18. And the Dawn as it breathes away (the darkness);
19. Verily this is the word of a most honourable Messenger,
20. Endued with Power, with rank before the Lord of the Throne,
21. With authority there, (and) faithful to his trust.
22. And your Companion is not possessed;
23. And without doubt he saw him in the clear horizon.
24. Neither does he withhold knowledge of the Unseen.
25. Nor is it the word of a devil accursed.
26. Then where will you go?
27. Verily this is no less than a Message to (all) the Worlds:
28. (With profit) to whoever among you wills to go straight:
29. But you shall not will except as Allāh wills; the Lord of the Worlds.

Total Verse 19/١٩	al-Infiṭār THE CLEAVING	سورة الانفطار	Surah 5/٥

بِسْمِ اللَّهِ الرَّحْمَٰنِ الرَّحِيمِ

إِذَا السَّمَاءُ انفَطَرَتْ ﴿١﴾ وَإِذَا الْكَوَاكِبُ
انتَثَرَتْ ﴿٢﴾ وَإِذَا الْبِحَارُ فُجِّرَتْ ﴿٣﴾ وَإِذَا
الْقُبُورُ بُعْثِرَتْ ﴿٤﴾ عَلِمَتْ نَفْسٌ مَّا قَدَّمَتْ

وَأَخَّرَتْ ﴿٥﴾ يٰٓأَيُّهَا الْإِنْسَانُ مَا غَرَّكَ بِرَبِّكَ
الْكَرِيْمِ ﴿٦﴾ الَّذِىْ خَلَقَكَ فَسَوّٰىكَ فَعَدَلَكَ
﴿٧﴾ فِىٓ أَىِّ صُوْرَةٍ مَّا شَآءَ رَكَّبَكَ ﴿٨﴾ كَلَّا
بَلْ تُكَذِّبُوْنَ بِالدِّيْنِ ﴿٩﴾ وَإِنَّ عَلَيْكُمْ لَحٰفِظِيْنَ
﴿١٠﴾ كِرَامًا كَاتِبِيْنَ ﴿١١﴾ يَعْلَمُوْنَ مَا تَفْعَلُوْنَ ﴿١٢﴾
إِنَّ الْأَبْرَارَ لَفِىْ نَعِيْمٍ ﴿١٣﴾ وَإِنَّ الْفُجَّارَ لَفِىْ
جَحِيْمٍ ﴿١٤﴾ يَّصْلَوْنَهَا يَوْمَ الدِّيْنِ ﴿١٥﴾ وَمَا هُمْ
عَنْهَا بِغَآئِبِيْنَ ﴿١٦﴾ وَمَآ أَدْرٰىكَ مَا يَوْمُ الدِّيْنِ
﴿١٧﴾ ثُمَّ مَآ أَدْرٰىكَ مَا يَوْمُ الدِّيْنِ ﴿١٨﴾ يَوْمَ
لَا تَمْلِكُ نَفْسٌ لِّنَفْسٍ شَيْئًا ۖ وَالْأَمْرُ يَوْمَئِذٍ
لِّلّٰهِ ﴿١٩﴾

BISMIL-LĀHIR-RAḤMĀNIR-RAḤĪM

1. 'IDHAS-SAMĀ'UN-FAṬARAT.

2. WA 'IDHAL-KAWĀKIBUN-TATHARAT.

3. WA 'IDHAL BIḤĀRU FUJJIRAT.

4. WA 'IDHAL QUBŪRU BU`THIRAT.

5. `ALIMAT NAFSUM-MĀ QAD-DAMAT WA 'AKH-KHARAT.

6. YĀ 'AYYUHAL 'INSĀNU MĀ GHARRAKA
BI RABBIKAL KARĪM.

7. 'ALLADHĪ KHALAQAKA FA SAWWĀKA FA `ADALAK.

8. FĪ 'AYYI ṢŪRATIM-MĀ SHĀ'A RAKKABAK.

9. KALLĀ BAL TUKADH-DHIBŪNA BID-DĪN.

10. WA 'INNA `ALAYKUM LA-ḤĀFIẒĪN.

11. KIRĀMAN KĀTIBĪN.

12. YA`LAMŪNA MĀ TAF`ALŪN.

13. 'INNAL 'ABRĀRA LA FĪ NA-`ĪM.

14. WA 'INNAL FUJJĀRA LA FĪ JAḤĪM.

15. YAṢ-LAWNAHĀ YAWMAD-DĪN.

16. WA MĀ HUM `ANHĀ BI GHĀ-'IBĪN.

17. WA MĀ 'ADRĀKA MĀ YAWMUD-DĪN.

18. THUMMA MĀ 'ADRĀKA MĀ YAWMUD-DĪN.

19. YAWMA LĀ TAMLIKU NAFSUL LI NAFSIN SHAY-'Ā.
WAL 'AMRU YAWMA-'IDHIL-LILLĀH.

1. When the Sky is cracked asunder;
2. When the Stars are scattered;
3. When the Oceans are suffered to burst forth;
4. And when the Graves are turned upside down;
5. Each soul shall know what it has sent forward and kept back.
6. O man! What has deluded you from your Lord, The Beneficent?

7. He, Who created you, fashioned you in proportion, and gave you a just disposition;
8. In whatever form He wills, does He put you together.
9. But no! But you all reject religion (the correct way)!
10. And indeed over you (are angels) to protect you,
11. Kind and honourable; writers (of your deeds):
12. They know all of what you do.
13. As for the righteous, they will be in Bliss;
14. And as for the wicked; they will be in the Fire,
15. Which they will enter on the Day of Judgment,
16. And they will not be able to keep away therefrom.
17. And what will explain to you what the Day of Judgment is?
18. Again, what will explain to you what the Day of Judgment is?
19. The Day when no soul shall have power (to do anything) for another: for Command (totally), on that Day, will be Allāh's.

Total Verse	al-Muṭaf-fifīn DEFRAUDERS	سورة المطففين	Sūrah
36/٣٦			6/٦

بِسْمِ اللّٰهِ الرَّحْمٰنِ الرَّحِيْمِ

وَيْلٌ لِّلْمُطَفِّفِيْنَ ﴿١﴾ الَّذِيْنَ إِذَا اكْتَالُوْا عَلَى
النَّاسِ يَسْتَوْفُوْنَ ﴿٢﴾ وَإِذَا كَالُوْهُمْ أَوْ وَّزَنُوْهُمْ
يُخْسِرُوْنَ ﴿٣﴾ أَلَا يَظُنُّ أُوْلٰٓئِكَ أَنَّهُمْ مَّبْعُوْثُوْنَ
﴿٤﴾ لِيَوْمٍ عَظِيْمٍ ﴿٥﴾ يَوْمَ يَقُوْمُ النَّاسُ لِرَبِّ

الْعٰلَمِيْنَ ﴿٦﴾ كَلَّآ إِنَّ كِتٰبَ الْفُجَّارِ لَفِيْ سِجِّيْنٍ
﴿٧﴾ وَمَآ أَدْرٰىكَ مَا سِجِّيْنٌ ﴿٨﴾ كِتٰبٌ مَّرْقُوْمٌ ﴿٩﴾
وَيْلٌ يَّوْمَئِذٍ لِّلْمُكَذِّبِيْنَ ﴿١٠﴾ الَّذِيْنَ يُكَذِّبُوْنَ
بِيَوْمِ الدِّيْنِ ﴿١١﴾ وَمَا يُكَذِّبُ بِهٖٓ إِلَّا كُلُّ مُعْتَدٍ
أَثِيْمٍ ﴿١٢﴾ إِذَا تُتْلٰى عَلَيْهِ اٰيٰتُنَا قَالَ أَسَاطِيْرُ
الْأَوَّلِيْنَ ﴿١٣﴾ كَلَّا ۖ بَلْ ۜ رَانَ عَلٰى قُلُوْبِهِمْ مَّا
كَانُوْا يَكْسِبُوْنَ ﴿١٤﴾ كَلَّآ إِنَّهُمْ عَنْ رَّبِّهِمْ يَوْمَئِذٍ
لَّمَحْجُوْبُوْنَ ﴿١٥﴾ ثُمَّ إِنَّهُمْ لَصَالُوا الْجَحِيْمِ ﴿١٦﴾
ثُمَّ يُقَالُ هٰذَا الَّذِيْ كُنْتُمْ بِهٖ تُكَذِّبُوْنَ ﴿١٧﴾
كَلَّآ إِنَّ كِتٰبَ الْأَبْرَارِ لَفِيْ عِلِّيِّيْنَ ﴿١٨﴾ وَمَآ
أَدْرٰىكَ مَا عِلِّيُّوْنَ ﴿١٩﴾ كِتٰبٌ مَّرْقُوْمٌ ﴿٢٠﴾

يَشْهَدُهُ الْمُقَرَّبُونَ ﴿٢١﴾ إِنَّ الْأَبْرَارَ لَفِي نَعِيمٍ
﴿٢٢﴾ عَلَى الْأَرَائِكِ يَنظُرُونَ ﴿٢٣﴾ تَعْرِفُ فِي
وُجُوهِهِمْ نَضْرَةَ النَّعِيمِ ﴿٢٤﴾ يُسْقَوْنَ مِن
رَّحِيقٍ مَّخْتُومٍ ﴿٢٥﴾ خِتَٰمُهُۥ مِسْكٌ ج وَفِي ذَٰلِكَ
فَلْيَتَنَافَسِ الْمُتَنَافِسُونَ ﴿٢٦﴾ وَمِزَاجُهُۥ مِن
تَسْنِيمٍ ﴿٢٧﴾ عَيْنًا يَشْرَبُ بِهَا الْمُقَرَّبُونَ ﴿٢٨﴾
إِنَّ الَّذِينَ أَجْرَمُوا كَانُوا مِنَ الَّذِينَ ءَامَنُوا
يَضْحَكُونَ ﴿٢٩﴾ وَإِذَا مَرُّوا بِهِمْ يَتَغَامَزُونَ ﴿٣٠﴾
وَإِذَا انقَلَبُوٓا إِلَىٰٓ أَهْلِهِمُ انقَلَبُوا فَكِهِينَ ﴿٣١﴾
وَإِذَا رَأَوْهُمْ قَالُوٓا إِنَّ هَٰٓؤُلَآءِ لَضَالُّونَ ﴿٣٢﴾
وَمَآ أُرْسِلُوا عَلَيْهِمْ حَٰفِظِينَ ﴿٣٣﴾ فَالْيَوْمَ الَّذِينَ

ءَامَنُوا۟ مِنَ ٱلْكُفَّارِ يَضْحَكُونَ ﴿٣٤﴾ عَلَى
ٱلْأَرَآئِكِ يَنظُرُونَ ﴿٣٥﴾ هَلْ ثُوِّبَ ٱلْكُفَّارُ مَا
كَانُوا۟ يَفْعَلُونَ ﴿٣٦﴾

BISMIL-LĀHIR-RAḤMĀNIR-RAḤĪM

1. WAYLUL-LIL MUṬAF-FIFĪN.
2. 'AL-LADHĪNA 'IDHAK-TĀLŪ `ALAN-NĀSI YASTAWFŪN.
3. WA 'IDHĀ KĀLŪHUM 'AW WAZANŪHUM YUKH-SIRŪN.
4. 'ALĀ YAẒUNNU 'ULĀ'IKA 'ANNAHUM MAB`ŪTHŪN.
5. LI YAWMIN `AẒĪM.
6. YAWMA YAQŪMUN-NĀSU LI RABBIL `ĀLAMĪN.
7. KALLĀ 'INNA KITĀBAL FUJJĀRI LA FĪ SIJJĪN.
8. WA MĀ 'ADRĀKA MĀ SIJJĪN.
9. KITĀBUM MARQŪM.
10. WAYLUY YAWMA-'IDHIL LIL MUKADH-DHIBĪN.
11. 'ALLADHĪNA YUKADH-DHIBŪNA BI YAWMID-DĪN.
12. WA MĀ YUKADH-DHIBU BIHĪ
'ILLĀ KULLU MU`TADIN 'ATHĪM.
13. 'IDHĀ TUTLĀ `ALAYHI 'ĀYĀTUNĀ
QĀLA 'ASĀṬĪRUL AWWALĪN.
14. KALLĀ BAL(;) RĀNA `ALĀ QULŪBIHIM
MĀ KĀNŪ YAKSIBŪN.
15. KALLĀ 'INNAHUM `AR-RABBIHIM
YAWMA-'IDHIL LA MAḤJŪBŪN.

16. THUMMA 'INNAHUM LA ṢĀLUL JAḤĪM.
17. THUMMA YUQĀLU HĀDHAL LADHĪ
KUNTUM BIHĪ TUKADH-DHIBŪN.
18. KALLĀ 'INNA KITĀBAL 'ABRĀRI LA FĪ `ILLIYYĪN.
19. WA MĀ 'ADRĀKA MĀ `ILLIYYŪN.
20. KITĀBUM MARQŪM.
21. YASH-HADUHUL MUQAR-RABŪN.
22. 'INNAL 'ABRĀRA LA FĪ NA-`ĪM.
23. `ALAL 'ARĀ-'IKI YANẒURŪN.
24. TA`RIFU FĪ WUJŪHIHIM NAḌRATAN-NA-`ĪM.
25. YUSQAWNA MIR-RAḤĪQIM-MAKH-TŪM.
26. KHITĀMUHŪ MISK.
WA FĪ DHĀLIKA FAL-YATANĀFASIL MUTANĀFISŪN.
27. WA MIZĀJUHŪ MIN TASNĪM.
28. `AYNAY YASHRABU BIHAL MUQAR-RABŪN.
29. 'INNAL-LADHĪNA 'AJRAMŪ KĀNŪ MINAL-LADHĪNA
'ĀMANŪ YAḌ-ḤAKŪN.
30. WA 'IDHĀ MARRŪ BI HIM YATAGHĀ-MAZŪN.
31. WA 'IDHAN-QALABŪ 'ILĀ 'AHLIHIMUN-QALABŪ FAKIHĪN.
32. WA 'IDHĀ RA-'AWHUM QĀLŪ 'INNA HĀ'ULĀ'I LA DĀLLŪN.
33. WA MĀ 'URSILŪ `ALAYHIM ḤĀFIẒĪN.
34. FAL YAWMAL-LADHĪNA 'ĀMANŪ
MINAL KUFFĀRI YAḌ-ḤAKŪN.
35. `ALAL 'ARĀ-'IKI YANẒURŪN.
36. HAL THUWWIBAL KUFFĀRU MĀ KĀNŪ YAF`ALŪN.

*(;) indicates where a brief pause should be made
and in the same breath recitation should continue.*

1. Woe betide those who deal in fraud,
2. Those who, when they have to receive by measure, from people, they exact full measure,
3. But when they are to measure or weigh for others, they lessen.
4. Do they not think that they will be resurrected (to give account)?
5. On a Mighty Day,
6. A Day when mankind will stand before the Lord of the Worlds?
7. But no! Surely the record of the wicked is (preserved) in Sijjīn.
8. And what will explain to you what Sijjīn is?
9. (It is) a Register (fully) inscribed.
10. On that Day, woe to those that deny,
11. Those that deny the Day of Judgment.
12. And none deny it but the Transgressor, the Sinner!
13. When Our Signs are read to him, he says, "Tales of the Ancients!"
14. By no means! But on their hearts is the stain of which they reap!
15. Verily, from their Lord('s mercy), on that Day, will they be bereft.
16. Further, they will leap into the Fire of Hell.
17. Further, it will be said to them: "This is that which you falsified!
18. But no! indeed the record of the righteous is in the Illiyyūn.
19. And what will explain to you what the Illiyyūn is?
20. (It is) a register (fully) inscribed,
21. To which bear witness those Nearest (to Allāh).
22. Truly the Righteous will be in Bliss:
23. On elevated thrones will they observe.
24. You will recognise in their faces the beaming brightness of Bliss.
25. Their thirst will be slaked with sealed nectar:
26. The seal thereof will be musk: and for this let the competing ones compete.
27. Its disposition will be of Tasnīm:
28. (Which is) a spring, from which will drink those nearest to Allāh.
29. Those who were in sin used to laugh at those who believed,
30. And whenever they (the sinners) passed by them (the believers), they

would wink at each other (in mockery);
31. And when they would return to their own people, they would return mocking;
32. And whenever the sinners saw them, the sinners would say, "Behold! These are the people truly astray!"
33. But they (the believers) had not been sent as keepers over them (the sinners)!
34. On this Day the Believers will laugh at the Disbelievers:
35. On elevated thrones will they observe.
36. Will not the Unbelievers be paid back for what they did?

Total Verse	al-Inshiqāq / THE SPLITTING OPEN	سورة الانشقاق	Sūrah
25/٢٥			7/٧

بِسْمِ اللَّهِ الرَّحْمَٰنِ الرَّحِيمِ

إِذَا السَّمَآءُ انشَقَّتْ ﴿١﴾ وَأَذِنَتْ لِرَبِّهَا وَحُقَّتْ
﴿٢﴾ وَإِذَا الْأَرْضُ مُدَّتْ ﴿٣﴾ وَأَلْقَتْ مَا فِيهَا
وَتَخَلَّتْ ﴿٤﴾ وَأَذِنَتْ لِرَبِّهَا وَحُقَّتْ ﴿٥﴾ يَٰٓأَيُّهَا
الْإِنسَٰنُ إِنَّكَ كَادِحٌ إِلَىٰ رَبِّكَ كَدْحًا فَمُلَٰقِيهِ
﴿٦﴾ فَأَمَّا مَنْ أُوتِىَ كِتَٰبَهُۥ بِيَمِينِهِۦ ﴿٧﴾
فَسَوْفَ يُحَاسَبُ حِسَابًا يَسِيرًا ﴿٨﴾ وَيَنقَلِبُ

إِلَىٰٓ أَهْلِهِۦ مَسْرُورًا ﴿٩﴾ وَأَمَّا مَنْ أُوتِىَ كِتَـٰبَهُۥ
وَرَآءَ ظَهْرِهِۦ ﴿١٠﴾ فَسَوْفَ يَدْعُوا۟ ثُبُورًا ﴿١١﴾
وَيَصْلَىٰ سَعِيرًا ﴿١٢﴾ إِنَّهُۥ كَانَ فِىٓ أَهْلِهِۦ مَسْرُورًا
﴿١٣﴾ إِنَّهُۥ ظَنَّ أَن لَّن يَحُورَ ﴿١٤﴾ بَلَىٰٓ إِنَّ رَبَّهُۥ
كَانَ بِهِۦ بَصِيرًا ﴿١٥﴾ فَلَآ أُقْسِمُ بِالشَّفَقِ ﴿١٦﴾
وَالَّيْلِ وَمَا وَسَقَ ﴿١٧﴾ وَالْقَمَرِ إِذَا اتَّسَقَ ﴿١٨﴾
لَتَرْكَبُنَّ طَبَقًا عَن طَبَقٍ ﴿١٩﴾ فَمَا لَهُمْ لَا
يُؤْمِنُونَ ﴿٢٠﴾ وَإِذَا قُرِئَ عَلَيْهِمُ الْقُرْءَانُ لَا
يَسْجُدُونَ ۩ ﴿٢١﴾ بَلِ الَّذِينَ كَفَرُوا۟ يُكَذِّبُونَ
﴿٢٢﴾ وَاللَّهُ أَعْلَمُ بِمَا يُوعُونَ ﴿٢٣﴾ فَبَشِّرْهُم
بِعَذَابٍ أَلِيمٍ ﴿٢٤﴾ إِلَّا الَّذِينَ ءَامَنُوا۟ وَعَمِلُوا۟

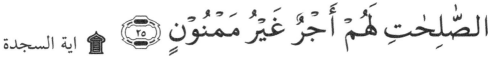

الصَّٰلِحَٰتِ لَهُمۡ أَجۡرٌ غَيۡرُ مَمۡنُونِۭ ﴿٢٥﴾

۩ اية السجدة

Upon reciting this verse sajdah (prostration) must be performed

BISMIL-LĀHIR-RAḤMĀNIR-RAḤĪM

1. ‘IDHAS-SAMĀ’UN-SHAQQAT.
2. WA ‘ADHINAT LI RABBIHĀ WA ḤUQQAT.
3. WA ‘IDHAL ‘ARḌU MUDDAT.
4. WA ‘ALQAT MĀ FĪHĀ WA TAKHALLAT.
5. WA ‘ADHINAT LI RABBIHĀ WA ḤUQQAT.
6. YĀ ‘AYYUHAL ‘INSĀNU ‘INNAKA KĀDIḤUN ‘ILĀ RABBIKA KAD-ḤAN FA MULAQĪH.
7. FA ‘AMMĀ MAN ‘ŪTIYA KITĀBAHŪ BI YAMĪNIH.
8. FA SAWFA YUḤĀSABU ḤISĀBAY-YASĪRĀ.
9. WA YANQALIBU ‘ILĀ ‘AHLIHĪ MASRŪRĀ.
10. WA ‘AMMĀ MAN ‘ŪTIYA KITĀBAHŪ WARĀ’A ẒAHRIH.
11. FA SAWFA YAD`Ū THUBŪRĀ.
12. WA YAṢLĀ SA-`ĪRĀ.
13. ‘INNAHŪ KĀNA FĪ ‘AHLIHĪ MASRŪRĀ.
14. ‘INNAHŪ ẒANNA ‘AL-LAY-YAḤŪR.
15. BALĀ ‘INNA RABBAHŪ KĀNA BIHĪ BAṢĪRĀ.
16. FALĀ ‘UQSIMU BISH-SHAFAQ.
17. WAL-LAYLI WA MĀ WASAQ.
18. WAL QAMARI ‘IDHAT-TASAQ.
19. LA TARKABUNNA ṬABAQAN `AN ṬABAQ.
20. FAMĀ LAHUM LĀ YU’MINŪN.
21. WA ‘IDHĀ QURI-’A `ALAYHIMUL QUR’ĀNU LĀ YASJUDŪN. ۩
22. BALIL-LADHĪNA KAFARŪ YUKADH-DHIBŪN.

23. WALLĀHU 'A`LAMU BIMĀ YŪ-`ŪN.

24. FA BASH-SHIRHUM BI `ADHĀBIN 'ALĪM.

25. 'ILLAL-LADHĪNA 'ĀMANŪ WA `AMILUṢ-ṢĀLIḤĀTI
LAHUM 'AJRUN GHAYRU MAMNŪN.

1. *When the Sky is ripped asunder,*

2. *And hears (the Command of) its Lord, and it fulfils;*

3. *And when the Earth is flattened out,*

4. *And casts forth what is within it and becomes empty,*

5. *And hears (the Command of) its Lord, and it fulfils (these commands); (then will come home the full Reality).*

6. *O man! Verily you are ever-toiling on towards thy Lord - painfully toiling - but you shall meet Him.*

7. *Then he, who is given his record (of deeds) in his right hand (due to being good),*

8. *Soon, his reckoning will be an easy one,*

9. *And he will turn to his people, rejoicing!*

10. *But he who is given his record (of deeds) behind his back,*

11. *Soon, he will cry for ruin,*

12. *And he will enter a Blazing Fire.*

13. *Truly, he was amongst his people, rejoicing!*

14. *Truly, did he think that he would not have to return (to Us)!*

15. *But indeed! His Lord was (ever) watchful of him!*

16. *So I do call to witness the glow of the twilight;*

17. *The Night and its burdening;*

18. *And the Moon with it consistency:*

19. *You shall surely travel from stage to stage.*

20. *What then is the matter with them; that they believe not?*

21. *And when the Qur-an is read to them, they fall not prostrate,*

22. *But on the contrary the Unbelievers falsify (it).*

23. *But Allāh has full Knowledge of what they conceive.*

24. *So give them the glad tidings of a grievous Punishment,*

25. *But not those who believe and work righteous deeds: For them is a Reward that will never fail.*

بِسْمِ اللّٰهِ الرَّحْمٰنِ الرَّحِيْمِ

وَالسَّمَآءِ ذَاتِ الْبُرُوْجِ ﴿١﴾ وَالْيَوْمِ الْمَوْعُوْدِ ﴿٢﴾
وَشَاهِدٍ وَّمَشْهُوْدٍ ﴿٣﴾ قُتِلَ أَصْحٰبُ الْأُخْدُوْدِ
﴿٤﴾ النَّارِ ذَاتِ الْوَقُوْدِ ﴿٥﴾ إِذْ هُمْ عَلَيْهَا قُعُوْدٌ
﴿٦﴾ وَّهُمْ عَلٰى مَا يَفْعَلُوْنَ بِالْمُؤْمِنِيْنَ شُهُوْدٌ
﴿٧﴾ وَمَا نَقَمُوْا مِنْهُمْ إِلَّآ أَنْ يُؤْمِنُوْا بِاللّٰهِ
الْعَزِيْزِ الْحَمِيْدِ ﴿٨﴾ الَّذِيْ لَهٗ مُلْكُ
السَّمٰوٰتِ وَالْأَرْضِ ج وَاللّٰهُ عَلٰى كُلِّ شَيْءٍ
شَهِيْدٌ ﴿٩﴾ إِنَّ الَّذِيْنَ فَتَنُوا الْمُؤْمِنِيْنَ
وَالْمُؤْمِنٰتِ ثُمَّ لَمْ يَتُوْبُوْا فَلَهُمْ عَذَابُ جَهَنَّمَ

وَلَهُمْ عَذَابُ الْحَرِيقِ ﴿١٠﴾ إِنَّ الَّذِينَ اٰمَنُوا
وَعَمِلُوا الصَّٰلِحَٰتِ لَهُمْ جَنَّٰتٌ تَجْرِى مِنْ
تَحْتِهَا الْأَنْهَٰرُ ج ذَٰلِكَ الْفَوْزُ الْكَبِيرُ ﴿١١﴾ إِنَّ
بَطْشَ رَبِّكَ لَشَدِيدٌ ﴿١٢﴾ إِنَّهُۥ هُوَ يُبْدِئُ
وَيُعِيدُ ﴿١٣﴾ وَهُوَ الْغَفُورُ الْوَدُودُ ﴿١٤﴾ ذُو
الْعَرْشِ الْمَجِيدُ ﴿١٥﴾ فَعَّالٌ لِّمَا يُرِيدُ ﴿١٦﴾ هَلْ
أَتَٰكَ حَدِيثُ الْجُنُودِ ﴿١٧﴾ فِرْعَوْنَ وَثَمُودَ ﴿١٨﴾
بَلِ الَّذِينَ كَفَرُوا فِى تَكْذِيبٍ ﴿١٩﴾ وَّاللَّهُ مِنْ
وَّرَآئِهِم مُّحِيطٌ ﴿٢٠﴾ بَلْ هُوَ قُرْاٰنٌ مَّجِيدٌ ﴿٢١﴾ فِى
لَوْحٍ مَّحْفُوظٍ ﴿٢٢﴾

BISMIL-LĀHIR-RAḤMĀNIR-RAḤĪM

1. WAS-SAMĀ'I DHĀTIL BURŪJ.

2. WAL YAWMIL MAW`ŪD.

3. WA SHĀHIDIW-WA MASH-HŪD.

4. QUTILA 'AṢḤĀBUL 'UKHDŪD.

5. 'AN-NĀRI DHĀTIL WAQŪD.

6. 'IDH HUM `ALAYHĀ QU-`ŪD.

7. WA HUM `ALĀ MĀ YAF`ALŪNA BIL MU'MINĪNA SHUHŪD.

8. WA MĀ NAQAMŪ MINHUM
'ILLĀ 'AY-YU'MINŪ BIL-LĀHIL `AZĪZIL ḤAMĪD.

9. 'AL-LADHĪ LAHŪ MULKUS-SAMĀWĀTI WAL 'ARḌ.
WALLĀHU `ALĀ KULLI SHAY'IN SHAHĪD.

10. 'INNAL-LADHĪNA FATANUL MU'MINĪNA WAL MU'MINĀTI
THUMMA LAM YATŪBŪ FA LAHUM `ADHĀBU JAHANNAMA
WA LAHUM `ADHĀBUL ḤARĪQ.

11. 'INNAL-LADHĪNA 'ĀMANŪ WA `AMILUṢ-ṢĀLIḤĀTI
LAHUM JANNĀTUN TAJRĪ MIN TAḤ-TIHAL 'ANHĀR,
DHĀLIKAL FAWZUL KABĪR.

12. 'INNA BAṬ-SHA RABBIKA LA SHADĪD.

13. 'INNAHŪ HUWA YUBDI'U WA YU`ĪD.

14. WA HUWAL GHAFŪRUL WADŪD.

15. DHUL `ARSHIL MAJĪD.

16. FA`-`ĀLUL LIMĀ YURĪD.

17. HAL 'ATĀKA ḤADĪTHUL JUNŪD.

18. FIR`AWNA WA THAMŪD.

19. BALIL-LADHĪNA KAFARŪ FĪ TAK-DHĪB.

20. WALLĀHU MIW-WARĀ'IHIM MUḤĪṬ.

21. BAL HUWA QUR'ĀNUM MAJĪD.

22. FĪ LAWḤIM MAḤFŪẒ.

1. *(Allāh takes an oath) By the sky, possessing the constellations;*
2. *And by the promised Day (of Judgment);*
3. *And by the witness, and the witnessed;*
4. *Destroyed were the makers of the pit,*
5. *With fire supplied (abundantly) with Fuel:*
6. *Behold! They sat over it,*
7. *And they witnessed that, what they were doing against the Believers.*
8. *And they bore malice towards them for no other reason than that they believed in Allāh, Exalted in Power, the Praiseworthy!*
9. *He to Whom belongs the dominion of the heavens and the earth! And Allāh is Witness to all things.*
10. *Those who persecute (or misguide) the Believing men and Believing women, and do not turn in repentance, will have the Penalty of Hell: they will have the Penalty of the Burning Fire.*
11. *Those who believe and do righteous deeds, for them will be Gardens, beneath which Rivers flow: that is the great Accomplishment (Success).*
12. *Truly strong is the Grip (Power) of your Lord.*
13. *It is He Who creates, and restores (and resurrects).*
14. *And He is the Oft-Forgiving, full of Loving-Kindness,*
15. *The Glorious Lord of the Throne,*
16. *Performer (Doer) of all that He intends:*
17. *Has the incident of the (previous) forces, reached you,*
18. *Of Pharaoh and the (people of) Thamūd?*
19. *And yet the disbelievers (persist) in rejecting (the Truth)!*
20. *But Allāh encompasses them from behind (as well)!*
21. *But, this is a Glorious Qur'ān,*
22. *(Inscribed) in a Preserved Tablet!*

Total Verse 18/١٨
at-Tāriq
THE MORNING STAR
سورة الطارق
Sūrah 9/٩

بِسْمِ اللَّهِ الرَّحْمَٰنِ الرَّحِيمِ

وَالسَّمَآءِ وَالطَّارِقِ ﴿١﴾ وَمَآ أَدْرٰىكَ مَا الطَّارِقُ
﴿٢﴾ النَّجْمُ الثَّاقِبُ ﴿٣﴾ إِنْ كُلُّ نَفْسٍ لَّمَّا عَلَيْهَا
حَافِظٌ ﴿٤﴾ فَلْيَنْظُرِ الْإِنْسَانُ مِمَّ خُلِقَ ﴿٥﴾ خُلِقَ
مِنْ مَّآءٍ دَافِقٍ ﴿٦﴾ يَّخْرُجُ مِنْ بَيْنِ الصُّلْبِ
وَالتَّرَآئِبِ ﴿٧﴾ إِنَّهُ عَلٰى رَجْعِهِ لَقَادِرٌ ﴿٨﴾
يَوْمَ تُبْلَى السَّرَآئِرُ ﴿٩﴾ فَمَا لَهُ مِنْ قُوَّةٍ وَّلَا
نَاصِرٍ ﴿١٠﴾ وَالسَّمَآءِ ذَاتِ الرَّجْعِ ﴿١١﴾ وَالْأَرْضِ
ذَاتِ الصَّدْعِ ﴿١٢﴾ إِنَّهُ لَقَوْلٌ فَصْلٌ ﴿١٣﴾ وَّمَا
هُوَ بِالْهَزْلِ ﴿١٤﴾ إِنَّهُمْ يَكِيدُوْنَ كَيْدًا ﴿١٥﴾ وَّأَكِيدُ

كَيۡدٗا ١٦ فَمَهِّلِ ٱلۡكَٰفِرِينَ أَمۡهِلۡهُمۡ رُوَيۡدَۢا ١٧

BISMIL-LĀHIR-RAḤMĀNIR-RAḤĪM

1. WAS-SAMĀ'I WAṬ-ṬĀRIQ.
2. WA MĀ 'ADRĀKA MAṬ-ṬĀRIQ.
3. 'AN-NAJMUTH-THĀQIB.
4. 'IN KULLU NAFSIL LAMMĀ `ALAYHĀ ḤĀFIẒ.
5. FAL YANẒURIL 'INSĀNU MIMMA KHULIQ.
6. KHULIQA MIM MĀ'IN DĀFIQ.
7. YAKHRUJU MIM BAYNIṢ-ṢULBI WAT-TARĀ'IB.
8. 'INNAHŪ `ALĀ RAJ`IHĪ LA QĀDIR.
9. YAWMA TUBLAS-SARĀ'IR.
10. FA MĀ LAHŪ MIN QUWWATIW WA LĀ NĀṢIR.
11. WAS-SAMĀ'I DHĀTIR-RAJ`.
12. WAL 'ARḌI DHĀTIṢ-ṢAD`.
13. 'INNAHŪ LAQAWLUN FAṢL.
14. WA MĀ HUWA BIL HAZL.
15. 'INNAHUM YAKĪDŪNA KAYDĀ.
16. WA 'AKĪDU KAYDĀ.
17. FAMAH-HILIL KĀFIRĪNA 'AMHILHUM RUWAYDĀ.

1. By the sky and by the Night-comer,
2. And what will explain to you what the Night-comer is?
3. (It is) the star of piercing brightness;
4. There is no soul but it has a protector over it.
5. Now let man think from what he is created!
6. He is created from a water (drop) spurting out,
7. Proceeding from between the backbone and the ribs:

8. Surely He (Allāh) is able to bring him (man) back (to life after his death)!
9. The Day that (all) things secret will be tested,
10. (Man) will have no power, and no helper.
11. By the sky, which returns (in its round),
12. And by the Earth, which opens out (for springs or for vegetation),
13. Behold this is the Word that distinguishes (Good from Evil):
14. It is not a thing for amusement.
15. As for them, they are but plotting a scheme,
16. And I am planning a scheme.
17. Therefore grant a delay to the Unbelievers: give respite to them gently (for a while).

Total Verse 19/١٩	al-A`lā THE MOST HIGH	سورة الاعلى	Sūrah 10/١٠

بِسْمِ اللَّهِ الرَّحْمَٰنِ الرَّحِيمِ

سَبِّحِ اسْمَ رَبِّكَ الْأَعْلَى ﴿١﴾ الَّذِي خَلَقَ
فَسَوَّى ﴿٢﴾ وَالَّذِي قَدَّرَ فَهَدَى ﴿٣﴾ وَالَّذِي
أَخْرَجَ الْمَرْعَى ﴿٤﴾ فَجَعَلَهُ غُثَاءً أَحْوَى ﴿٥﴾
سَنُقْرِئُكَ فَلَا تَنْسَى ﴿٦﴾ إِلَّا مَا شَاءَ اللَّهُ ج

إِنَّهُ يَعْلَمُ الْجَهْرَ وَمَا يَخْفٰى ﴿٧﴾ وَنُيَسِّرُكَ
لِلْيُسْرٰى ﴿٨﴾ فَذَكِّرْ إِنْ نَّفَعَتِ الذِّكْرٰى ﴿٩﴾
سَيَذَّكَّرُ مَن يَّخْشٰى ﴿١٠﴾ وَيَتَجَنَّبُهَا الْأَشْقٰى ﴿١١﴾
الَّذِى يَصْلَى النَّارَ الْكُبْرٰى ﴿١٢﴾ ثُمَّ لَا يَمُوتُ
فِيهَا وَلَا يَحْيٰى ﴿١٣﴾ قَدْ أَفْلَحَ مَنْ تَزَكّٰى ﴿١٤﴾
وَذَكَرَ اسْمَ رَبِّهِ فَصَلّٰى ﴿١٥﴾ بَلْ تُؤْثِرُونَ
الْحَيٰوةَ الدُّنْيَا ﴿١٦﴾ وَالْاٰخِرَةُ خَيْرٌ وَّأَبْقٰى ﴿١٧﴾
إِنَّ هٰذَا لَفِى الصُّحُفِ الْأُولٰى ﴿١٨﴾ صُحُفِ
إِبْرٰهِيمَ وَمُوسٰى ﴿١٩﴾

BISMIL-LĀHIR-RAḤMĀNIR-RAḤĪM

1. SABBI-ḤISMA RABBIKAL ‘A`LĀ.

2. ‘AL-LADHĪ KHALAQA FA SAWWĀ.

3. WAL LADHĪ QADDARA FA HADĀ.

4. WAL LADHĪ ʿAKHRAJAL MARʿĀ.

5. FA JAʿALAHŪ GHUTHĀʾAN ʿAḤWĀ.

6. SANUQ-RIʾUKA FA LĀ TANSĀ.

7. ʿILLĀ MĀ SHĀʾAL-LĀH.

ʿINNAHŪ YAʿLAMUL JAHRA WA MĀ YAKHFĀ.

8. WA NUYAS-SIRUKA LIL YUSRĀ.

9. FA DHAKKIR ʿIN NAFA-ʿATIDH-DHIKRĀ.

10. SA YADH-DHAKKARU MAY YAKHSHĀ.

11. WA YATAJAN-NABUHAL ʿASHQĀ.

12. ʿAL-LADHĪ YAṢLAN-NĀRAL KUBRĀ.

13. THUMMA LĀ YAMŪTU FĪHĀ WA LĀ YAḤYĀ.

14. QAD ʿAFLAḤA MAN TAZAKKĀ.

15. WA DHAKA-RASMA RABBIHĪ FA ṢALLĀ.

16. BAL TUʾTHIRŪNAL ḤAYĀTAD-DUNYĀ.

17. WAL ʿĀKHIRATU KHAYRUW WA ʿABQĀ.

18. ʿINNA HĀDHĀ LA FIṢ-ṢUḤUFIL ʿŪLĀ.

19. ṢUḤUFI ʿIBRĀHĪMA WA MŪSĀ.

1. Glorify the Name of your Guardian-Lord, the Most High,
2. Who has created (everything), and given order and proportion;
3. Who has preordained, and then guided;
4. And Who brings out (from the ground) the pasturage,
5.And then makes it dark stubble.
6.We shall make you to recite (the Qur'ān), so you (O Muḥammad ﷺ) shall not forget,
7. Except as Allāh wills: for He knows what is manifest and what is hidden.
8. And We will make it easy for you (to follow) the simple (Path).
9. Therefore, remind (all men and Jinn);

if the reminder will profit (them).
10. The reminder will be received by the God-fearing,
11. But will be shunned/avoided by the wretched,
12. Who will enter the Great Fire,
13. In which they will then neither die nor live.
14. But those will prosper who purify themselves (with Faith),
15. And glorify the name of their Guardian-Lord, and offer Prayers.
16. Nay (behold), you prefer the life of this world;
17. But the Hereafter is better and more enduring (eternal).
18. And this is in the Scriptures of the earliest (Revelations),
19. The Scriptures of Abraham and Moses.

Total Verse 26/٢٦	al-Ghāshiyah THE OVERWHELMING	سورة الغاشية	Surah 11/١١

بِسْمِ اللهِ الرَّحْمٰنِ الرَّحِيمِ

هَلْ أَتٰكَ حَدِيثُ الْغَاشِيَةِ ۝ وُجُوهٌ يَّوْمَئِذٍ

خَاشِعَةٌ ۝ عَامِلَةٌ نَّاصِبَةٌ ۝ تَصْلٰى نَارًا

حَامِيَةً ۝ تُسْقٰى مِنْ عَيْنٍ اٰنِيَةٍ ۝ لَيْسَ لَهُمْ

طَعَامٌ إِلَّا مِنْ ضَرِيعٍ ۝ لَا يُسْمِنُ وَلَا يُغْنِى

مِنْ جُوعٍ ۝ وُجُوهٌ يَّوْمَئِذٍ نَّاعِمَةٌ ۝ لِسَعْيِهَا

49

رَاضِيَةٌ ﴿٩﴾ فِى جَنَّةٍ عَالِيَةٍ ﴿١٠﴾ لَّا تَسْمَعُ فِيهَا
لَاغِيَةً ﴿١١﴾ فِيهَا عَيْنٌ جَارِيَةٌ ﴿١٢﴾ فِيهَا سُرُرٌ
مَّرْفُوعَةٌ ﴿١٣﴾ وَأَكْوَابٌ مَّوْضُوعَةٌ ﴿١٤﴾ وَنَمَارِقُ
مَصْفُوفَةٌ ﴿١٥﴾ وَزَرَابِىُّ مَبْثُوثَةٌ ﴿١٦﴾ أَفَلَا
يَنظُرُونَ إِلَى الْإِبِلِ كَيْفَ خُلِقَتْ ﴿١٧﴾ وَإِلَى
السَّمَآءِ كَيْفَ رُفِعَتْ ﴿١٨﴾ وَإِلَى الْجِبَالِ كَيْفَ
نُصِبَتْ ﴿١٩﴾ وَإِلَى الْأَرْضِ كَيْفَ سُطِحَتْ ﴿٢٠﴾
فَذَكِّرْ إِنَّمَآ أَنتَ مُذَكِّرٌ ﴿٢١﴾ لَّسْتَ عَلَيْهِم
بِمُصَيْطِرٍ ﴿٢٢﴾ إِلَّا مَن تَوَلَّىٰ وَكَفَرَ ﴿٢٣﴾ فَيُعَذِّبُهُ
اللَّهُ الْعَذَابَ الْأَكْبَرَ ﴿٢٤﴾ إِنَّ إِلَيْنَآ إِيَابَهُمْ ﴿٢٥﴾
ثُمَّ إِنَّ عَلَيْنَا حِسَابَهُم ﴿٢٦﴾

BISMIL-LĀHIR-RAḤMĀNIR-RAḤĪM

1. HAL 'ATĀKA ḤADĪTHUL GHĀSHIYAH.

2. WUJŪHUY-YAWMA-'IDHIN KHĀSHI-`AH.

3. `ĀMILATUN NĀṢIBAH.

4. TAṢLĀ NĀRAN ḤAMIYAH.

5. TUSQĀ MIN `AYNIN 'ĀNIYAH.

6. LAYSA LAHUM ṬA`ĀMUN 'ILLĀ MIN ḌARĪ`.

7. LĀ YUSMINU WA LĀ YUGHNĪ MIN JŪ`.

8. WUJŪHUY-YAWMA-'IDHIN-NĀ`IMAH.

9. LISA`YIHĀ RĀḌIYAH.

10. FĪ JANNĀTIN `ĀLIYAH.

11. LĀ TASMA`U FĪHĀ LĀGHIYAH.

12. FĪHĀ `AYNUN JARIYAH.

13. FĪHĀ SURURUM MARFŪ`AH.

14. WA 'AKWĀBUM MAWḌŪ`AH.

15. WA NAMĀRIQU MAṢFŪFAH.

16. WA ZARĀBIYYU MABTHŪTHAH.

17. 'A FA LĀ YANDHURŪNA 'ILAL 'IBILI KAYFA KHULIQAT.

18. WA 'ILAS-SAMĀ'I KAYFA RUFI`AT.

19. WA 'ILAL JIBĀLI KAYFA NUṢIBAT.

20. WA 'ILAL 'ARḌI KAYFA SUṬIḤAT.

21. FADHAK-KIR 'INNAMĀ 'ANTA MUDHAK-KIR.

22. LASTA `ALAYHIM BI MUṢAYṬIR.

23. 'ILLĀ MAN TAWALLĀ WA KAFAR.

24. FA YU`ADH-DHIBUHUL-LĀHUL `ADHĀBAL 'AKBAR.

25. 'INNA 'ILAYNĀ 'IYĀBAHUM.

26. THUMMA 'INNA `ALAYNĀ ḤISĀBAHUM.

1. Has the story reached you, of the overwhelming day?
2. (many) Faces, on that Day, will be humiliated,
3. Labouring (hard), weary,
4. They will enter the Blazing Fire,
5. They will be given to drink, of a boiling hot spring,
6. There will be no food for them but a bitter Ḍarī` (thorny weed)
7. Which will neither nourish nor satiate hunger.
8. (many other) Faces on that Day will be joyous,
9. Content with their efforts,
10. In a Garden elevated,
11. Where they shall hear no vain talk:
12. Therein will be a flowing spring:
13. Therein will be thrones, raised (in dignity),
14. Goblets placed (ready),
15. And Cushions set in rows,
16. And rich carpets (all) spread out.
17. Do they not look at the Camels, how they are made?
18. And at the Sky, how it is raised high?
19. And at the Mountains, how they are fixed firm?
20. And at the Earth, how it is spread out?
21. Therefore give admonition, for you indeed are one (who has a right) to admonish.
22. You are not (however) one to manage (their) affairs.
23. But if any turns away and rejects Allāh,
24. Allāh will punish him with the greatest Punishment.
25. Verily to Us will be their return;
26. Then it will be for Us to call them to account.

بِسْمِ اللهِ الرَّحْمٰنِ الرَّحِيمِ

وَالْفَجْرِ ﴿١﴾ وَلَيَالٍ عَشْرٍ ﴿٢﴾ وَّالشَّفْعِ وَالْوَتْرِ
﴿٣﴾ وَالَّيْلِ إِذَا يَسْرِ ﴿٤﴾ هَلْ فِي ذٰلِكَ قَسَمٌ
لِّذِي حِجْرٍ ﴿٥﴾ أَلَمْ تَرَ كَيْفَ فَعَلَ رَبُّكَ بِعَادٍ
﴿٦﴾ إِرَمَ ذَاتِ الْعِمَادِ ﴿٧﴾ الَّتِي لَمْ يُخْلَقْ مِثْلُهَا
فِي الْبِلَادِ ﴿٨﴾ وَثَمُودَ الَّذِينَ جَابُوا الصَّخْرَ
بِالْوَادِ ﴿٩﴾ وَفِرْعَوْنَ ذِي الْأَوْتَادِ ﴿١٠﴾ الَّذِينَ
طَغَوْا فِي الْبِلَادِ ﴿١١﴾ فَأَكْثَرُوا فِيهَا الْفَسَادَ ﴿١٢﴾
فَصَبَّ عَلَيْهِمْ رَبُّكَ سَوْطَ عَذَابٍ ﴿١٣﴾ إِنَّ
رَبَّكَ لَبِالْمِرْصَادِ ﴿١٤﴾ فَأَمَّا الْإِنْسَانُ إِذَا مَا
ابْتَلٰهُ رَبُّهُ فَأَكْرَمَهُ وَنَعَّمَهُ فَيَقُولُ رَبِّي

أَكْرَمَنِ ﴿١٥﴾ وَأَمَّآ إِذَا مَا ابْتَلَـٰهُ فَقَدَرَ عَلَيْهِ
رِزْقَهُۥ فَيَقُولُ رَبِّىٓ أَهَـٰنَنِ ﴿١٦﴾ كَلَّا ۖ بَل لَّا
تُكْرِمُونَ الْيَتِيمَ ﴿١٧﴾ وَلَا تَحَـٰٓضُّونَ عَلَىٰ
طَعَامِ الْمِسْكِينِ ﴿١٨﴾ وَتَأْكُلُونَ التُّرَاثَ
أَكْلًا لَّمًّا ﴿١٩﴾ وَتُحِبُّونَ الْمَالَ حُبًّا جَمًّا
﴿٢٠﴾ كَلَّآ إِذَا دُكَّتِ الْأَرْضُ دَكًّا دَكًّا ﴿٢١﴾
وَجَآءَ رَبُّكَ وَالْمَلَكُ صَفًّا صَفًّا ﴿٢٢﴾ وَجِا۟ىٓءَ
يَوْمَئِذٍۭ بِجَهَنَّمَ ۚ يَوْمَئِذٍ يَتَذَكَّرُ الْإِنسَـٰنُ وَأَنَّىٰ
لَهُ الذِّكْرَىٰ ﴿٢٣﴾ يَقُولُ يَـٰلَيْتَنِى قَدَّمْتُ لِحَيَاتِى
﴿٢٤﴾ فَيَوْمَئِذٍ لَّا يُعَذِّبُ عَذَابَهُۥٓ أَحَدٌ ﴿٢٥﴾ وَلَا
يُوثِقُ وَثَاقَهُۥٓ أَحَدٌ ﴿٢٦﴾ يَـٰٓأَيَّتُهَا النَّفْسُ

الْمُطْمَئِنَّةُ ﴿٢٧﴾ ارْجِعِيٓ إِلَىٰ رَبِّكِ رَاضِيَةً
مَّرْضِيَّةً ﴿٢٨﴾ فَادْخُلِي فِي عِبَٰدِي ﴿٢٩﴾ وَادْخُلِي
جَنَّتِي ﴿٣٠﴾

BISMIL-LĀHIR-RAḤMĀNIR-RAḤĪM

1. WAL FAJR.
2. WA LAYĀLIN `ASHR.
3. WASH-SHAF`I WAL WATR.
4. WAL LAYLI ‘IDHĀ YASR.
5. HAL FĪ DHĀLIKA QASAMUL LI DHĪ ḤIJR.
6. ‘A LAM TARA KAYFA FA-`ALA RABBUKA BI `ĀD.
7. ‘IRAMA DHĀTIL `IMĀD.
8. ‘ALLATĪ LAM YUKHLAQ MITHLUHĀ FIL BILĀD.
9. WA THAMŪDAL LADHĪNA JĀBUṢ-ṢAKHRA BIL WĀD.
10. WA FIR`AWNA DHIL ‘AWTĀD.
11. ‘ALLADHĪNA ṬAGHAW FIL BILĀD.
12. FA ‘AKTHARŪ FĪHAL FASĀD.
13. FA ṢABBA `ALAYHIM RABBUKA SAWṬA `ADHĀB.
14. ‘INNA RABBAKA LA BIL MIRṢĀD.
15. FA ‘AMMAL ‘INSĀNU ‘IDHĀ MABTALĀHU RABBUHŪ FA ‘AKRAMAHŪ WANA`-`AMAH. FA YAQŪLU RABBĪ ‘AKRAMAN.
16. WA ‘AMMĀ ‘IDHĀ MABTALĀHU FA QADARA `ALAYHI RIZQAHŪ FA YAQŪLU RABBĪ ‘AHĀNAN.

17. KALLĀ BAL LĀ TUK-RIMŪNAL YATĪM.

18. WA LĀ TAḤĀḌ-ḌŪNA `ALĀ ṬA`ĀMIL MISKĪN.

19. WA TA'KULŪNAT-TURĀTHA 'AKLAL LAMMĀ.

20. WA TUḤIB-BŪNAL MĀLA ḤUBBAN JAMMĀ.

21. KALLĀ 'IDHĀ DUKKATIL 'ARḌU DAKKAN DAKKĀ.

22. WA JĀ'A RABBUKA WAL MALAKU ṢAFFAN ṢAFFĀ.

23. WA JĪ'A YAWMA-'IDHIM BI JAHANNAM.
YAWMA-'IDHIY YATADHAK-KARUL 'INSĀNU WA 'ANNĀ
LAHUDH-DHIKRĀ.

24. YAQŪLU YĀ LAYTANĪ QADDAMTU LI ḤAYĀTĪ.

25. FA YAWMA-'IDHIL LĀ YU`ADH-DHIBU `ADHĀBAHŪ 'AḤAD.

26. WA LĀ YŪTHIQU WATHĀQAHŪ 'AḤAD.

27. YĀ 'AYYATUHAN-NAFSUL MUṬMA-'INNAH.

28. 'IRJI`Ī 'ILĀ RABBIKI RĀḌIYATAM MARḌIYYAH.

29. FAD-KHULĪ FĪ `IBADĪ.

30. WAD-KHULĪ JANNATĪ.

1. By the Break of Day;
2. By the Nights ten;
3. By the Even and Odd (contrasted);
4. And by the Night when it passes away;
5. Is there (not) in these, a part (argument) for those who understand?
6. Do you not see how your Lord dealt with the (people of) `Ād.
7. Of the (city of) Iram, with lofty pillars,
8. The like of which were not produced in the world?
9. And (how Allāh dealt with) the (people of) Thamūd, who cut out (huge) rocks in the valley?
10. And (how Allāh dealt with) Pharaoh, owner of Awtād (large

army or shackles)?
11. (All) those who transgressed in the lands.
12. And heaped therein mischief.
13. Thus your Lord poured on them many diverse chastisements:
14. For your Lord is on watch.
15. Now, as for man, when his Lord tests him, He gives him honour and gifts, thus he (man, in pride) says, "My Lord has honoured me."
16. But when He tests him, restricting his sustenance for him, he (man) says (in despair), "My Lord has humiliated me!"
17. Nay, nay! But (throughout) you do not honour the orphans!
18. Nor do you encourage one another to feed the poor!
19. And you devour Inheritance, devouring with greed,
20. And you love wealth with deepest love!
21. Nay! When the earth is destroyed, ground to powder,
22. And your Lord comes, and His angels, rank upon rank,
23. And Hell, that Day, is brought (face to face); on that Day will man remember, but how will that remembrance profit him?
24. He will say: "Ah! If only I had sent ahead (Good Deeds) for my (Future) Life!"
25. For, that Day, his Chastisement will be such that no other can inflict,
26. And His bonds will be such that no other can bind.
27. (To the righteous it will be said:) "O satisfied soul!
28. "Return to your Lord, (yourself) pleased, and pleasing (to Him)!
29. "Now enter, among My Devotees!
30. "And enter My Heaven!"

Total Verse 20/٢٠	al-Balad THE CITY	سورة البلد	Surah 13/١٣

بِسْمِ ٱللَّهِ ٱلرَّحْمَٰنِ ٱلرَّحِيمِ

لَآ أُقْسِمُ بِهَٰذَا ٱلْبَلَدِ ﴿١﴾ وَأَنتَ حِلٌّۢ بِهَٰذَا
ٱلْبَلَدِ ﴿٢﴾ وَوَالِدٍ وَمَا وَلَدَ ﴿٣﴾ لَقَدْ خَلَقْنَا
ٱلْإِنسَانَ فِى كَبَدٍ ﴿٤﴾ أَيَحْسَبُ أَن لَّن يَقْدِرَ
عَلَيْهِ أَحَدٌ ﴿٥﴾ يَقُولُ أَهْلَكْتُ مَالًا لُّبَدًا ﴿٦﴾
أَيَحْسَبُ أَن لَّمْ يَرَهُۥٓ أَحَدٌ ﴿٧﴾ أَلَمْ نَجْعَل لَّهُۥ
عَيْنَيْنِ ﴿٨﴾ وَلِسَانًا وَشَفَتَيْنِ ﴿٩﴾ وَهَدَيْنَٰهُ
ٱلنَّجْدَيْنِ ﴿١٠﴾ فَلَا ٱقْتَحَمَ ٱلْعَقَبَةَ ﴿١١﴾ وَمَآ
أَدْرَىٰكَ مَا ٱلْعَقَبَةُ ﴿١٢﴾ فَكُّ رَقَبَةٍ ﴿١٣﴾ أَوْ إِطْعَٰمٌ
فِى يَوْمٍ ذِى مَسْغَبَةٍ ﴿١٤﴾ يَتِيمًا ذَا مَقْرَبَةٍ ﴿١٥﴾
أَوْ مِسْكِينًا ذَا مَتْرَبَةٍ ﴿١٦﴾ ثُمَّ كَانَ مِنَ ٱلَّذِينَ

ءَامَنُوا۟ وَتَوَاصَوْا۟ بِٱلصَّبْرِ وَتَوَاصَوْا۟ بِٱلْمَرْحَمَةِ
﴿١٧﴾ أُو۟لَٰٓئِكَ أَصْحَٰبُ ٱلْمَيْمَنَةِ ﴿١٨﴾ وَٱلَّذِينَ
كَفَرُوا۟ بِـَٔايَٰتِنَا هُمْ أَصْحَٰبُ ٱلْمَشْـَٔمَةِ ﴿١٩﴾
عَلَيْهِمْ نَارٌ مُّؤْصَدَةٌۢ ﴿٢٠﴾

BISMIL-LĀHIR-RAḤMĀNIR-RAḤĪM

1. LĀ ‘UQSIMU BI HĀDHAL BALAD.
2. WA ‘ANTA ḤILLUM BI HĀDHAL BALAD.
3. WA WĀLIDIW WA MĀ WALAD.
4. LAQAD KHALAQNAL ‘INSĀNA FĪ KABAD.
5. ‘A YAḤSABU ‘AL LAY-YAQDIRA `ALAYHI ‘AḤAD.
6. YAQŪLU ‘AHLAKTU MĀLAL LUBADĀ.
7. ‘A YAḤSABU ‘AL-LAM YARAHŪ ‘AḤAD.
8. ‘A LAM NAJ`AL LAHŪ `AYNAYN.
9. WA LISĀNAW WA SHAFATAYN.
10. WA HADAYNĀHUN-NAJDAYN.
11. FA LAQ-TAḤAMAL `AQABAH.
12. WA MĀ ‘ADRĀKA MAL `AQABAH.
13. FAKKU RAQABAH.
14. ‘AW ‘IṬ`ĀMUN FĪ YAWMIN DHĪ MAS-GHABAH.
15. YATĪMAN DHĀ MAQ-RABAH.
16. ‘AW MISKĪNAN DHĀ MAT-RABAH.

17. THUMMA KĀNA MINAL LADHĪNA 'ĀMANŪ WA TAWĀṢAW BIṢ-ṢABRI WA TAWĀṢAW BIL MAR-ḤAMAH.
18. 'ULĀ-'IKA 'AṢḤĀBUL MAYMANAH.
19. WAL-LADHĪNA KAFARŪ BI 'ĀYĀTINĀ HUM 'AṢḤĀBUL MASH-'AMAH.
20. `ALAYHIM NĀRUM MU'ṢADAH.

1. I swear an oath upon this city;
2. And you are a free man of this city;
3. And by a father and what he begets,
4. Verily We have created man into (for) toil and struggle.
5. Does he think that none have power over him?
6. He may say (boastfully): "Wealth, I have squandered in abundance!"
7. Does he think that none can behold him?
8. Have We not made for him a pair of eyes?
9. And a tongue, and a pair of lips?
10. And (have We not) shown him the two high ways?
11. But he has made no haste on the steep path.
12. And what will explain to you, what is the steep path?
13. (It is) freeing the bondsman;
14. Or the giving of food on a day of deprivation
15. To the orphan in relationship,
16. Or to the poor downtrodden.
17. Then will he be of those who believe, and enjoin patience, (constancy, and self-restraint), and enjoin deeds of kindness and compassion.
18. Such are the people of the Right.
19. But those who reject Our Signs, they are the people of the Left.
20. On them will be Fire vaulted over (all round).

Total Verse 15/١٥
ash-Shams
THE SUN

سورة الشمس

بِسْمِ اللّٰهِ الرَّحْمٰنِ الرَّحِيْمِ

وَالشَّمْسِ وَضُحٰهَا (١) وَالْقَمَرِ إِذَا تَلٰهَا (٢)
وَالنَّهَارِ إِذَا جَلّٰهَا (٣) وَالَّيْلِ إِذَا يَغْشٰهَا (٤)
وَالسَّمَآءِ وَمَا بَنٰهَا (٥) وَالْأَرْضِ وَمَا طَحٰهَا
(٦) وَنَفْسٍ وَّمَا سَوّٰهَا (٧) فَأَلْهَمَهَا فُجُوْرَهَا
وَتَقْوٰهَا (٨) قَدْ أَفْلَحَ مَنْ زَكّٰهَا (٩) وَقَدْ
خَابَ مَنْ دَسّٰهَا (١٠) كَذَّبَتْ ثَمُوْدُ بِطَغْوٰهَا
(١١) إِذِ انْۢبَعَثَ أَشْقٰهَا (١٢) فَقَالَ لَهُمْ رَسُوْلُ
اللّٰهِ نَاقَةَ اللّٰهِ وَسُقْيٰهَا (١٣) فَكَذَّبُوْهُ فَعَقَرُوْهَا
فَدَمْدَمَ عَلَيْهِمْ رَبُّهُمْ بِذَنْۢبِهِمْ فَسَوّٰهَا (١٤)

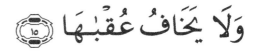

وَلَا يَخَافُ عُقْبَـٰهَا ﴿١٥﴾

BISMIL-LĀHIR-RAḤMĀNIR-RAḤĪM

1. WASH-SHAMSI WA ḌUḤĀHĀ.
2. WAL QAMARI 'IDHĀ TALĀHĀ.
3. WAN-NAHĀRI 'IDHĀ JALLĀHĀ.
4. WAL LAYLI 'IDHA YAGH-SHĀHĀ.
5. WAS-SAMĀ'I WA MĀ BANĀHĀ.
6. WAL 'ARḌI WA MĀ ṬAḤĀHĀ.
7. WA NAFSIW-WA MĀ SAWWĀHĀ.
8. FA 'ALHAMAHĀ FUJŪRAHĀ WA TAQWĀHĀ.
9. QAD 'AFLAḤA MAN ZAKKĀHĀ.
10. WA QAD KHĀBA MAN DASSĀHĀ.
11. KADH-DHABAT THAMŪDU BI ṬAGHWĀHĀ.
12. 'IDHIM-BA-`ATHA 'ASHQĀHĀ.
13. FA QĀLA LAHUM RASŪLUL-LĀHI NĀQATAL-LAHI WA SUQYĀHĀ.
14. FAKADH-DHABŪHU FA `AQARŪHĀ. FA DAMDAMA `ALAYHIM RABBUHUM BI DHAMBIHIM FA SAWWĀHĀ.
15. WA LĀ YAKHĀFU `UQBĀHĀ.

1. By the Sun and its splendour;
2. By the Moon as it follows it (the Sun);
3. By the Day as it shows up its (the Sun's) glory;
4. By the Night as it conceals it (the Sun);
5. By the Firmament (expanse of the skies and heavens) and its

structure;
6. By the Earth and its expanse;
7. By the Soul, and the proportion and order given to it;
8. And its enlightenment as to its wretchedness and its piety;
9. Truly he succeeds who purifies it (his soul),
10. And truly he fails who corrupts it!
11. The Thamūd (people) rejected (their prophet) through their evils.
12. Behold, the most evil of them was deputed (because of his wickedness).
13. But the Messenger of Allāh (Ṣāliḥ) said to them: "It is a She-camel of Allāh (that has been created miraculously)! And (it is her right to) her drink!"
14. Then they rejected him (his prophecy), and butchered her. So their Lord, obliterated them on account of their crime, and levelled them!
15. And He has no fear of its consequences.

Total Verse 21/٢١	al-Layl THE NIGHT	سورة الليل	Sūrah 15/١٥

بِسْمِ اللَّهِ الرَّحْمَٰنِ الرَّحِيمِ

وَاللَّيْلِ إِذَا يَغْشَىٰ ﴿١﴾ وَالنَّهَارِ إِذَا تَجَلَّىٰ ﴿٢﴾ وَمَا
خَلَقَ الذَّكَرَ وَالْأُنثَىٰ ﴿٣﴾ إِنَّ سَعْيَكُمْ لَشَتَّىٰ ﴿٤﴾
فَأَمَّا مَنْ أَعْطَىٰ وَاتَّقَىٰ ﴿٥﴾ وَصَدَّقَ بِالْحُسْنَىٰ

﴿٦﴾ فَسَنُيَسِّرُهُۥ لِلْيُسْرَىٰ ﴿٧﴾ وَأَمَّا مَنۢ بَخِلَ
وَاسْتَغْنَىٰ ﴿٨﴾ وَكَذَّبَ بِالْحُسْنَىٰ ﴿٩﴾ فَسَنُيَسِّرُهُۥ
لِلْعُسْرَىٰ ﴿١٠﴾ وَمَا يُغْنِى عَنْهُ مَالُهُۥٓ إِذَا تَرَدَّىٰٓ
﴿١١﴾ إِنَّ عَلَيْنَا لَلْهُدَىٰ ﴿١٢﴾ وَإِنَّ لَنَا لَلْأٓخِرَةَ
وَالْأُولَىٰ ﴿١٣﴾ فَأَنذَرْتُكُمْ نَارًا تَلَظَّىٰ ﴿١٤﴾ لَا
يَصْلَىٰهَآ إِلَّا الْأَشْقَى ﴿١٥﴾ الَّذِى كَذَّبَ وَتَوَلَّىٰ
﴿١٦﴾ وَسَيُجَنَّبُهَا الْأَتْقَى ﴿١٧﴾ الَّذِى يُؤْتِى مَالَهُۥ
يَتَزَكَّىٰ ﴿١٨﴾ وَمَا لِأَحَدٍ عِندَهُۥ مِن نِّعْمَةٍ تُجْزَىٰٓ
﴿١٩﴾ إِلَّا ابْتِغَآءَ وَجْهِ رَبِّهِ الْأَعْلَىٰ ﴿٢٠﴾ وَلَسَوْفَ
يَرْضَىٰ ﴿٢١﴾

BISMIL-LĀHIR-RAḤMĀNIR-RAḤĪM

1. WAL LAYLI ‘IDHĀ YAGHSHĀ.

2. WAN-NAHĀRI 'IDHĀ TAJALLĀ.

3. WA MĀ KHALAQADH-DHAKARA WAL 'UNTHĀ.

4. 'INNA SA`YAKUM LA SHATTĀ.

5. FA 'AMMĀ MAN 'A`ṬĀ WAT-TAQĀ.

6. WA ṢADDAQA BIL ḤUSNĀ.

7. FA SANUYAS-SIRUHŪ LIL YUSRĀ.

8. WA 'AMMĀ MAM BAKHILA WAS-TAGHNĀ.

9. WA KADH-DHABA BIL ḤUSNĀ.

10. FA SANUYAS-SIRUHŪ LIL `USRĀ.

11. WA MĀ YUGHNĪ `ANHU MĀLUHŪ 'IDHĀ TARADDĀ.

12. 'INNA `ALAYNĀ LAL HUDĀ.

13. WA 'INNA LANĀ LAL-'ĀKHIRATA WAL 'ŪLĀ.

14. FA 'ANDHAR-TUKUM NĀRAN TALAẒ-ẒĀ.

15. LĀ YAṢLĀHĀ 'ILLAL 'ASHQĀ.

16. 'ALLADHĪ KADH-DHABA WA TAWALLĀ.

17. WA SAYUJAN-NABUHAL 'AṬQĀ.

18. 'ALLADHĪ YU'TĪ MĀLAHŪ YATAZAKKĀ.

19. WA MĀ LI 'AḤADIN `INDAHŪ MIN NI`MATIN TUJZĀ.

20. 'ILLAB-TIGHĀ'A WAJHI RABBIHIL 'A`LĀ.

21. WA LA SAWFA YARḌĀ.

1. By the Night as it conceals (light);
2. By the Day as it is glorious;
3. By the creation of male and female;
4. Verily, what you all strive for is diverse.
5. Thus he who gives (charity) and fears (Allāh),
6. And (sincerely) testifies to good (i.e. Islām),
7. We will indeed make easy for him the Eternal Ease.
8. But he who is miserly and claims independence (from Allāh),

65

9. And falsifies what is good (i.e. Islām),
10. We will indeed make easy for him the Eternal Difficulty;
11. Nor will his wealth profit him when he falls headlong (into the Pit).
12. Verily We take upon Ourselves to guide,
13. And verily for Us is the End and the Beginning.
14. Therefore I warn you of a Fire blazing fiercely;
15. None shall reach it but the wretched;
16. Those, who refute and turn their backs.
17. But those most devoted to Allāh shall be kept far from it,
18. Those who spend their wealth for increase in self-purification,
19. And expect none, to whom a favour is rendered, to return favours,
20. But they are only desirous to seek the Countenance of their Lord Most High;
21. And soon will they be satisfied.

Total Verse	ad-Ḍuḥā THE MORNING HOURS	سورة الضحى	Sūrah
11/١١			16/١٦

بِسْمِ اللَّهِ الرَّحْمَٰنِ الرَّحِيمِ

وَالضُّحَىٰ ﴿١﴾ وَاللَّيْلِ إِذَا سَجَىٰ ﴿٢﴾ مَا وَدَّعَكَ
رَبُّكَ وَمَا قَلَىٰ ﴿٣﴾ وَلَلْآخِرَةُ خَيْرٌ لَّكَ مِنَ
الْأُولَىٰ ﴿٤﴾ وَلَسَوْفَ يُعْطِيكَ رَبُّكَ فَتَرْضَىٰ

أَلَمْ يَجِدْكَ يَتِيمًا فَـاوَىٰ ﴿٦﴾ وَوَجَدَكَ
ضَآلًّا فَهَدَىٰ ﴿٧﴾ وَوَجَدَكَ عَآئِلًا فَأَغْنَىٰ ﴿٨﴾
فَأَمَّا الْيَتِيمَ فَلَا تَقْهَرْ ﴿٩﴾ وَأَمَّا السَّآئِلَ فَلَا
تَنْهَرْ ﴿١٠﴾ وَأَمَّا بِنِعْمَةِ رَبِّكَ فَحَدِّثْ ﴿١١﴾

BISMIL-LĀHIR-RAḤMĀNIR-RAḤĪM

1. WAḌ-ḌUḤĀ.
2. WAL LAYLI 'IDHĀ SAJĀ.
3. MĀ WAD-DA-`AKA RABBUKA WA MĀ QALĀ.
4. WA LAL 'ĀKHIRATU KHAYRUL LAKA MINAL 'ŪLĀ.
5. WA LA SAWFA YU`ṬĪKA RABBUKA FA TARḌĀ.
6. 'A LAM YAJIDKA YATĪMAN FA 'ĀWĀ.
7. WA WAJADAKA ḌĀLLAN FA HADĀ.
8. WA WAJADAKA `Ā-'ILAN FA 'AGHNĀ.
9. FA 'AMMAL YATĪMA FA LĀ TAQHAR.
10. WA 'AMMAS-SĀ-'ILA FA LĀ TANHAR.
11. WA 'AMMA BI NI`MATI RABBIKA FA ḤADDITH.

1. By the Glorious morning Light,
2. And by the Night when it is still,
3. Your Lord has not forsaken you, nor is He displeased.
4. And verily the Hereafter will be better for you than the present.

5. And soon your Lord will give you, thus you shall be well-pleased.
6. Did He not find you as an orphan and give you shelter?
7. And He found you wandering, and He gave you guidance.
8. And He found you in need, and made you independent.
9. Therefore treat not the orphan with harshness,
10. Nor repulse the beggar (unheard).
11. But the Bounty of your Lord; proclaim (aloud and propagate)!

Total Verse 8/٨	al-Inshirah SOLACE	سورة الانشراح	Sūrah 17/١٧

بِسْمِ اللَّهِ الرَّحْمَٰنِ الرَّحِيمِ

أَلَمْ نَشْرَحْ لَكَ صَدْرَكَ ﴿١﴾ وَوَضَعْنَا عَنكَ
وِزْرَكَ ﴿٢﴾ الَّذِىٓ أَنقَضَ ظَهْرَكَ ﴿٣﴾ وَرَفَعْنَا
لَكَ ذِكْرَكَ ﴿٤﴾ فَإِنَّ مَعَ الْعُسْرِ يُسْرًا ﴿٥﴾ إِنَّ مَعَ
الْعُسْرِ يُسْرًا ﴿٦﴾ فَإِذَا فَرَغْتَ فَانصَبْ ﴿٧﴾ وَإِلَىٰ
رَبِّكَ فَارْغَب ﴿٨﴾

BISMIL-LĀHIR-RAḤMĀNIR-RAḤĪM
1. 'A LAM NASHRAḤ LAKA ṢADRAK.

2. WA WAḌA`NĀ `ANKA WIZRAK.
3. 'ALLADHĪ 'ANQAḌA ẒAHRAK.
4. WA RAFA`NĀ LAKA DHIKRAK.
5. FA 'INNA MA-`AL `USRI YUSRĀ.
6. 'INNA MA-`AL `USRI YUSRĀ.
7. FA 'IDHĀ FARAGHTA FANṢAB.
8. WA 'ILĀ RABBIKA FARGHAB.

1. Have We not expanded for you, your breast?
2. And removed from you, your burden
3. That, which did overwhelmed your back?
4. And We raised high your praise (remembrance)?
5. So, verily, with every difficulty, there is relief:
6. Verily, with every difficulty there is relief.
7. Thus, when you are free (from your current task), continue labouring hard,
8. And to your Lord turn yearning.

Total Verse	at-Tīn THE FIG	سورة التين	Surah
8/٨			18/١٨

بِسْمِ اللَّهِ الرَّحْمَٰنِ الرَّحِيمِ

وَالتِّينِ وَالزَّيْتُونِ ﴿١﴾ وَطُورِ سِينِينَ ﴿٢﴾ وَهَٰذَا
الْبَلَدِ الْأَمِينِ ﴿٣﴾ لَقَدْ خَلَقْنَا الْإِنسَانَ فِي

أَحۡسَنِ تَقۡوِيمٖ ﴿٤﴾ ثُمَّ رَدَدۡنَٰهُ أَسۡفَلَ سَٰفِلِينَ
﴿٥﴾ إِلَّا ٱلَّذِينَ ءَامَنُواْ وَعَمِلُواْ ٱلصَّٰلِحَٰتِ فَلَهُمۡ
أَجۡرٌ غَيۡرُ مَمۡنُونٖ ﴿٦﴾ فَمَا يُكَذِّبُكَ بَعۡدُ بِٱلدِّينِ
﴿٧﴾ أَلَيۡسَ ٱللَّهُ بِأَحۡكَمِ ٱلۡحَٰكِمِينَ ﴿٨﴾

BISMIL-LĀHIR-RAḤMĀNIR-RAḤĪM

1. WAT-TĪNI WAZ-ZAYTŪN.
2. WA ṬŪRI SĪNĪN.
3. WA HĀDHAL BALADIL ʻAMĪN.
4. LAQAD KHALAQNAL ʻINSĀNA FĪ ʻAḤSANI TAQWĪM.
5. THUMMA RADADNĀHU ʻASFALA SĀFILĪN.
6. ʻILLAL-LADHĪNA ʻĀMANŪ WA `AMILUṢ-ṢĀLIḤĀTI FA LAHUM ʻAJRUN GHAYRU MAMNŪN.
7. FA MĀ YUKADH-DHIBUKA BA`DU BID-DĪN.
8. ʻA LAYSAL-LĀHU BI ʻAḤKAMIL ḤĀKIMĪN.

1. By the Fig and the Olive,
2. And the Mount of Sinai,
3. And this City of security,
4. We have indeed created man in the best of forms,
5. Then do We abase him (so he becomes) the lowest of the low,
6. Except such as believe and do righteous deeds: for they shall have a reward unfailing.

7. Then what can, after this, falsify you (O Muḥammad ﷺ), in regards to the Judgment (to come)?
8. Is not Allāh the wisest of Judges?

Total Verse			Surah
19/١٩	al-`Alaq THE CLOT	سورة العلق	19/١٩

بِسْمِ اللّٰهِ الرَّحْمٰنِ الرَّحِيْمِ

اِقْرَأْ بِاسْمِ رَبِّكَ الَّذِىْ خَلَقَ ﴿١﴾ خَلَقَ
الْاِنْسَانَ مِنْ عَلَقٍ ﴿٢﴾ اِقْرَأْ وَرَبُّكَ الْاَكْرَمُ ﴿٣﴾
الَّذِىْ عَلَّمَ بِالْقَلَمِ ﴿٤﴾ عَلَّمَ الْاِنْسَانَ مَا لَمْ
يَعْلَمْ ﴿٥﴾ كَلَّآ اِنَّ الْاِنْسَانَ لَيَطْغٰى ﴿٦﴾ اَنْ رَّاٰهُ
اسْتَغْنٰى ﴿٧﴾ اِنَّ اِلٰى رَبِّكَ الرُّجْعٰى ﴿٨﴾ اَرَءَيْتَ
الَّذِىْ يَنْهٰى ﴿٩﴾ عَبْدًا اِذَا صَلّٰى ﴿١٠﴾ اَرَءَيْتَ
اِنْ كَانَ عَلَى الْهُدٰى ﴿١١﴾ اَوْ اَمَرَ بِالتَّقْوٰى ﴿١٢﴾
اَرَءَيْتَ اِنْ كَذَّبَ وَتَوَلّٰى ﴿١٣﴾ اَلَمْ يَعْلَمْ بِاَنَّ اللّٰهَ

يَرَىٰ ﴿١٤﴾ كَلَّا لَئِن لَّمْ يَنتَهِ لَنَسْفَعًا بِالنَّاصِيَةِ

﴿١٥﴾ نَاصِيَةٍ كَاذِبَةٍ خَاطِئَةٍ ﴿١٦﴾ فَلْيَدْعُ نَادِيَهُ

﴿١٧﴾ سَنَدْعُ الزَّبَانِيَةَ ﴿١٨﴾ كَلَّا لَا تُطِعْهُ

وَاسْجُدْ وَاقْتَرِب ۩ ﴿١٩﴾

۩ اية السجدة
Upon reciting this verse sajdah (prostration) must be performed

BISMIL-LĀHIR-RAḤMĀNIR-RAḤĪM

1. ‘IQRA’ BISMI RABBIKAL LADHĪ KHALAQ.
2. KHALAQAL ‘INSĀNA MIN `ALAQ.
3. ‘IQRA’ WA RABBUKAL ‘AKRAM.
4. ‘ALLADHĪ `ALLAMA BIL QALAM.
5. `ALLAMAL ‘INSĀNA MĀ LAM YA`LAM.
6. KALLĀ ‘INNAL ‘INSĀNA LA YAṬGHĀ.
7. ‘AR-RA’ĀHUS-TAGHNĀ.
8. ‘INNA ‘ILĀ RABBIKAR-RUJ`Ā.
9. ‘A RA-’AYTAL LADHĪ YANHĀ.
10. `ABDAN ‘IDHĀ ṢALLĀ.
11. ‘ARA-’AYTA ‘IN KĀNA `ALAL HUDĀ.
12. ‘AW ‘AMARA BIT-TAQWĀ.
13. ‘ARA-’AYTA ‘IN KADH-DHABA WA TAWALLĀ.
14. ‘A LAM YA`LAM BI ‘ANNAL-LĀHA YARĀ.
15. KALLĀ LA ‘ILLAM YANTAH, LA NASFA-`AM BIN-NĀṢIYAH.
16. NĀṢIYATIN KĀDHIBATIN KHĀṬI-’AH.

17. FAL-YAD`U NĀDIYAH.
18. SA-NAD`UZ-ZABĀNIYAH.
19. KALLĀ LĀ TUṬI`HU WAS-JUD WAQ-TARIB.

1. Read! In the name of your Lord, Who created,
2. He Created man, out of a thing that clings:
3. Read! And your Lord is Most Bountiful,
4. He Who taught (the use) of the Pen,
5. He taught man that which he knew not.
6. Nay, but man transgresses all bounds,
7. In that he sees himself as self-sufficient.
8. Verily, to your Lord is the return (of all).
9. Do you see the one (a particular disbeliever), who forbids,
10. A devote servant (the Messenger ﷺ) when he prays?
11. Do you see if he is on Guidance?
12. Or enjoins Righteousness?
13. Do you see if he denies (Truth) and turns away?
14. Does he not know that Allāh indeed sees (all)?
15. Beware! If he does not desist,
We will drag him by the forelock,
16. A lying, sinful forelock!
17. Then, let him call (for help) to his helpers/associates:
18. We will call on the severe angels of punishment
(to deal with him)!
19. Nay, do not heed him (who prevents you):
But prostrate, and bring yourself closer (to Allāh)!

Total Verse 5/٥	al-`Qadr THE POWER	سورة القدر	Sūrah 20/٢٠

بسم الله الرحمن الرحيم

إِنَّآ أَنزَلۡنَـٰهُ فِى لَيۡلَةِ ٱلۡقَدۡرِ ﴿١﴾ وَمَآ أَدۡرَىٰكَ مَا
لَيۡلَةُ ٱلۡقَدۡرِ ﴿٢﴾ لَيۡلَةُ ٱلۡقَدۡرِ خَيۡرٌ مِّنۡ أَلۡفِ شَهۡرٍ
﴿٣﴾ تَنَزَّلُ ٱلۡمَلَـٰٓئِكَةُ وَٱلرُّوحُ فِيهَا بِإِذۡنِ رَبِّهِم مِّن
كُلِّ أَمۡرٍ ﴿٤﴾ سَلَـٰمٌ هِىَ حَتَّىٰ مَطۡلَعِ ٱلۡفَجۡرِ ﴿٥﴾

BISMIL-LĀHIR-RAḤMĀNIR-RAḤĪM

1. ‘INNĀ ‘ANZALNĀHU FĪ LAYLATIL QADR.
2. WA MĀ ‘ADRĀKA MĀ LAYLATUL QADR.
3. LAYLATUL QADRI KHAYRUM MIN ‘ALFI SHAHR.
4. TANAZZALUL MALĀ’IKATU WAR-RŪḤU FĪHĀ BI ‘IDHNI RABBIHIM MIN KULLI ‘AMR.
5. SALĀMUN HIYA ḤATTĀ MAṬLA`-IL FAJR.

1. We have indeed revealed this (Message) in the Night of Power:
2. And what will explain to you what the Night of Power is?
3. The Night of Power is better than a thousand months.
4. Therein descend the angels and the Spirit by their Lord’s permission, on every errand:
5. Peace! This until the rise of Morn!

Total Verse 8/٨	al-Bayyinah THE CLEAR ROOF	سورة البينة	Surah 21/٢١

بِسۡمِ ٱللَّهِ ٱلرَّحۡمَـٰنِ ٱلرَّحِيمِ

لَمْ يَكُنِ الَّذِينَ كَفَرُوا۟ مِنْ أَهْلِ الْكِتَٰبِ
وَالْمُشْرِكِينَ مُنفَكِّينَ حَتَّىٰ تَأْتِيَهُمُ الْبَيِّنَةُ ﴿١﴾
رَسُولٌ مِّنَ اللَّهِ يَتْلُوا۟ صُحُفًا مُّطَهَّرَةً ﴿٢﴾ فِيهَا
كُتُبٌ قَيِّمَةٌ ﴿٣﴾ وَمَا تَفَرَّقَ الَّذِينَ أُوتُوا۟ الْكِتَٰبَ
إِلَّا مِنۢ بَعْدِ مَا جَآءَتْهُمُ الْبَيِّنَةُ ﴿٤﴾ وَمَآ أُمِرُوٓا۟
إِلَّا لِيَعْبُدُوا۟ اللَّهَ مُخْلِصِينَ لَهُ الدِّينَ حُنَفَآءَ
وَيُقِيمُوا۟ الصَّلَوٰةَ وَيُؤْتُوا۟ الزَّكَوٰةَ ۚ وَذَٰلِكَ دِينُ
الْقَيِّمَةِ ﴿٥﴾ إِنَّ الَّذِينَ كَفَرُوا۟ مِنْ أَهْلِ الْكِتَٰبِ
وَالْمُشْرِكِينَ فِى نَارِ جَهَنَّمَ خَٰلِدِينَ فِيهَآ ۚ
أُو۟لَٰٓئِكَ هُمْ شَرُّ الْبَرِيَّةِ ﴿٦﴾ إِنَّ الَّذِينَ ءَامَنُوا۟
وَعَمِلُوا۟ الصَّٰلِحَٰتِ أُو۟لَٰٓئِكَ هُمْ خَيْرُ الْبَرِيَّةِ ﴿٧﴾

جَزَآؤُهُمْ عِندَ رَبِّهِمْ جَنَّٰتُ عَدْنٍ تَجْرِى مِن
تَحْتِهَا ٱلْأَنْهَٰرُ خَٰلِدِينَ فِيهَآ أَبَدًا ۖ رَّضِىَ ٱللَّهُ
عَنْهُمْ وَرَضُوا۟ عَنْهُ ۚ ذَٰلِكَ لِمَنْ خَشِىَ رَبَّهُۥ
٨

BISMIL-LĀHIR-RAḤMĀNIR-RAḤĪM

1. LAM YAKUNIL LADHĪNA KAFARŪ MIN 'AHLIL KITĀBI
WAL MUSHRIKĪNA MUNFAKKĪNA
ḤATTĀ TA'TIYAHUMUL BAYYINAH.
2. RASŪLUM MINAL-LĀHI YATLŪ ṢUḤUFAM MUṬAH-HARAH.
3. FĪHĀ KUTUBUN QAYYIMAH.
4. WA MĀ TAFARRAQAL LADHĪNA 'ŪTUL KITĀBA
'ILLĀ MIM BA`DI MĀ JĀ'AT-HUMUL BAYYINAH.
5. WA MĀ 'UMIRŪ 'ILLĀ LIYA`BUDUL-LĀHA
MUKHLIṢĪNA LAHUD-DĪNA ḤUNAFĀ'A
WA YUQĪMUṢ-ṢALĀTA WA YU'TUZ-ZAKĀTA
WA DHĀLIKA DĪNUL QAYYIMAH.
6. 'INNAL LADHĪNA KAFARŪ MIN 'AHLIL KITĀBI
WAL MUSHRIKĪNA FĪ NĀRI JAHANNAMA KHĀLIDĪNA FĪHĀ
'ULĀ'IKA HUM SHARRUL BARIYYAH.
7. 'INNAL LADHĪNA 'ĀMANŪ WA `AMILUṢ-ṢĀLIḤĀTI
'ULĀ'IKA HUM KHAYRUL BARIYYAH.

**8. JAZĀ'UHUM `INDA RABBIHIM JANNĀTU `ADNIN
TAJRĪ MIN TAḤTIHAL 'ANHĀRU KHALIDĪNA FĪHĀ 'ABADĀ.
HU `ANHUM WA RAḌŪ `ANH.ĀRAḌIYAL-L
LIKA LIMAN KHASHIYA RABBAH.ĀDH**

*1. Those who reject (the Truth), among the People of the Book
and among the Polytheists, were not going to depart (from their
ways) until there should come to them clear Evidence,
2. A Messenger from Allāh, reciting scriptures kept pure and
holy:
3. Wherein are laws (or decrees) upright.
4. And the People of the Book did not make divisions, until after
there came to them Clear Evidence.
5. And they have been commanded no more than: to worship
Allāh, sincere to Him in faith, being True; and to establish Prayer;
and to give in Charity. And that is the Religion upright.
6. Indeed those who reject (the Truth), among the People of the
Book and among the Polytheists, will be in the fire of Hell, to
dwell forever therein. They are the worst of creatures.
7. Those who have faith and do righteous deeds; they are the
best of creatures.
8. Their reward is with their Lord: Gardens of Eternity, beneath
which rivers flow. They will dwell therein forever. Allāh is well
pleased with them, and they with Him. All this is for those who
fear their Lord.*

Total Verse	az-Zilzāl	سورة الزلزلة	Surah
8/٨	THE EARTHQUAKE		22/٢٢

بِسْمِ اللهِ الرَّحْمٰنِ الرَّحِيمِ

77

إِذَا زُلْزِلَتِ الْأَرْضُ زِلْزَالَهَا ﴿١﴾ وَأَخْرَجَتِ
الْأَرْضُ أَثْقَالَهَا ﴿٢﴾ وَقَالَ الْإِنسَانُ مَا لَهَا ﴿٣﴾
يَوْمَئِذٍ تُحَدِّثُ أَخْبَارَهَا ﴿٤﴾ بِأَنَّ رَبَّكَ أَوْحَىٰ
لَهَا ﴿٥﴾ يَوْمَئِذٍ يَصْدُرُ النَّاسُ أَشْتَاتًا لِّيُرَوْا
أَعْمَالَهُمْ ﴿٦﴾ فَمَن يَعْمَلْ مِثْقَالَ ذَرَّةٍ خَيْرًا
يَرَهُ ﴿٧﴾ وَمَن يَعْمَلْ مِثْقَالَ ذَرَّةٍ شَرًّا يَرَهُ ﴿٨﴾

BISMIL-LĀHIR-RAḤMĀNIR-RAḤĪM

1. ‘IDHĀ ZULZILATIL ‘ARḌU ZILZĀLAHĀ.
2. WA ‘AKHRAJATIL ‘ARḌU ‘ATHQĀLAHĀ.
3. WA QĀLAL ‘INSĀNU MĀ LAHĀ
4. YAWMA-’IDHIN TUḤAD-DITHU ‘AKHBĀRAHĀ.
5. BI ‘ANNA RABBAKA ‘AWḤĀ LAHĀ.
6. YAWMA-’IDHIY-YAṢDURUN-NĀSU ‘ASHTĀTAL LI YURAW ‘A`MĀLAHUM.
7. FA MAY-YA`MAL MITHQĀLA DHARRATIN KHAYRAY-YARAH.
8. WA MAY-YA`MAL MITHQĀLA DHARRATIN SHARRAY-YARAH.

1. When the Earth is shaken to its (utmost) convulsion,
2. And (when) the Earth throws up her burdens (from within),
3. And (when) man (in distress) cries; 'What is the matter with it?'
4. On that Day will it (the Earth) proclaim its news;
5. That your Lord will have given it inspiration.
6. On that Day men will proceed in groups sorted out, to be shown (the good or bad effects of) their Deeds.
7. Then whoever has done good to an atom's weight, shall see it!
8. And whoever has done evil to an atom's weight, shall see it.

Total Verse 11/١١	al-`Ādiyāt THE CHARGERS	سورة العاديات	Sūrah 23/٢٣

بِسْمِ اللّٰهِ الرَّحْمٰنِ الرَّحِيْمِ

وَالْعٰدِيٰتِ ضَبْحًا ﴿١﴾ فَالْمُوْرِيٰتِ قَدْحًا ﴿٢﴾
فَالْمُغِيْرٰتِ صُبْحًا ﴿٣﴾ فَأَثَرْنَ بِهٖ نَقْعًا ﴿٤﴾
فَوَسَطْنَ بِهٖ جَمْعًا ﴿٥﴾ إِنَّ الْإِنْسَانَ لِرَبِّهٖ
لَكَنُوْدٌ ﴿٦﴾ وَإِنَّهٗ عَلٰى ذٰلِكَ لَشَهِيْدٌ ﴿٧﴾ وَإِنَّهٗ
لِحُبِّ الْخَيْرِ لَشَدِيْدٌ ﴿٨﴾ أَفَلَا يَعْلَمُ إِذَا بُعْثِرَ مَا
فِي الْقُبُوْرِ ﴿٩﴾ وَحُصِّلَ مَا فِي الصُّدُوْرِ ﴿١٠﴾ إِنَّ

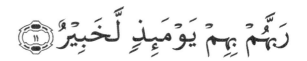

رَبَّهُم بِهِمْ يَوْمَئِذٍ لَّخَبِيرٌ ﴿١١﴾

BISMIL-LĀHIR-RAḤMĀNIR-RAḤĪM

1. WAL `ĀDIYĀTI ḌABḤĀ.
2. FAL MŪRIYĀTI QADḤĀ.
3. FAL MUGHĪRĀTI ṢUBḤĀ.
4. FA ‘ATHARNA BIHĪ NAQ`Ā.
5. FA WASAṬNA BIHĪ JAM`Ā.
6. ‘INNAL ‘INSĀNA LI RABBIHĪ LA KANŪD.
7. WA ‘INNAHŪ `ALĀ DHĀLIKA LA SHAHĪD.
8. WA ‘INNAHŪ LI ḤUBBIL KHAYRI LA SHADĪD.
9. ‘A FA LĀ YA`LAMU ‘IDHĀ BU`THIRA MĀ FIL QUBŪR.
10. WA ḤUṢṢILA MĀ FIṢ-ṢUDŪR.
11. ‘INNA RABBAHUM BI HIM YAWMA-’IDHIL LA KHABĪR.

1. By those (Steeds) that run, with panting (breath),
2. And strike sparks of fire (with their hoofs),
3. And push forward the charge in the morning,
4. And with it raise the dust in clouds,
5. And penetrate into the midst (of the foe) en masse;
6. Truly Man is, to his Lord, ungrateful;
7. And to that he (by his deeds) bears witness;
8. And extreme is he in his love of wealth.
9. Does he not know;
When that which is in the graves will be resurrected,
10. And that which is (hidden) in the (human)
breasts is made manifest,
11. Verily on that day their Lord, in regards to them, is all-aware.

Total Verse 11/١١	al-Qāri`ah THE CALAMITY	سورة القارعة	Surah 24/٢٤

بِسۡمِ ٱللَّهِ ٱلرَّحۡمَٰنِ ٱلرَّحِيمِ

ٱلۡقَارِعَةُ ﴿١﴾ مَا ٱلۡقَارِعَةُ ﴿٢﴾ وَمَآ أَدۡرَىٰكَ مَا
ٱلۡقَارِعَةُ ﴿٣﴾ يَوۡمَ يَكُونُ ٱلنَّاسُ كَٱلۡفَرَاشِ
ٱلۡمَبۡثُوثِ ﴿٤﴾ وَتَكُونُ ٱلۡجِبَالُ كَٱلۡعِهۡنِ
ٱلۡمَنفُوشِ ﴿٥﴾ فَأَمَّا مَن ثَقُلَتۡ مَوَٰزِينُهُۥ
﴿٦﴾ فَهُوَ فِي عِيشَةٖ رَّاضِيَةٖ ﴿٧﴾ وَأَمَّا مَنۡ خَفَّتۡ
مَوَٰزِينُهُۥ ﴿٨﴾ فَأُمُّهُۥ هَاوِيَةٞ ﴿٩﴾ وَمَآ أَدۡرَىٰكَ مَا
هِيَهۡ ﴿١٠﴾ نَارٌ حَامِيَةُۢ ﴿١١﴾

BISMIL-LĀHIR-RAḤMĀNIR-RAḤĪM

1. ‘ALQĀRI-`AH. 2. MAL QĀRI-`AH.
3. WA MĀ ‘ADRĀKA MAL QĀRI-`AH.
4. YAWMA YAKŪNUN-NĀSU KAL FARĀSHIL MABTHŪTH.

5. WA TAKŪNUL JIBĀLU KAL `IHNIL MANFŪSH.
6. FA 'AMMĀ MAN THAQULAT MAWĀZĪNUH.
7. FA HUWA FĪ `ĪSHATIR RĀḌIYAH.
8. WA 'AMMĀ MAN KHAFFAT MAWĀZĪNUH.
9. FA 'UMMUHŪ HĀWIYAH.
10. WA MĀ 'ADRĀKA MĀ HIYAH.
11. NĀRUN ḤĀMIYAH.

1. The Qāri`ah (judgement day – lit. noise or misfortune):
2. What is the Qāri`ah?
3. And what will explain to you what the Qāri`ah is?
4. (It is) the Day wherein men will be like insects scattered,
5. And the mountains will be like separated wool.
6. Then, he whose balance (of good deeds) will be heavier (Than his bad),
7. Will be in a life of pleasure.
8. But he whose balance (of good deeds) will be lighter,
9. Will have his abode in Hāwiyah (lit. a pit).
10. And what will explain to you what it is?
11. (It is) a Fire blazing fiercely!

Total Verse 8/٨	at-Takāthur COMPETITION	سورة التكاثر	Sūrah 25/٢٥

بِسْمِ اللهِ الرَّحْمٰنِ الرَّحِيْمِ

أَلْهٰكُمُ التَّكَاثُرُ ﴿١﴾ حَتّٰى زُرْتُمُ الْمَقَابِرَ ﴿٢﴾
كَلَّا سَوْفَ تَعْلَمُوْنَ ﴿٣﴾ ثُمَّ كَلَّا سَوْفَ

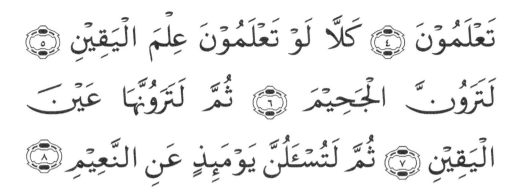

تَعْلَمُونَ ﴿٤﴾ كَلَّا لَوْ تَعْلَمُونَ عِلْمَ الْيَقِينِ ﴿٥﴾
لَتَرَوُنَّ الْجَحِيمَ ﴿٦﴾ ثُمَّ لَتَرَوُنَّهَا عَيْنَ
الْيَقِينِ ﴿٧﴾ ثُمَّ لَتُسْأَلُنَّ يَوْمَئِذٍ عَنِ النَّعِيمِ ﴿٨﴾

BISMIL-LĀHIR-RAḤMĀNIR-RAḤĪM

1. ‘ALHĀKUMUT-TAKĀTHUR.
2. ḤATTĀ ZURTUMUL MAQĀBIR.
3. KALLĀ SAWFA TA`LAMŪN.
4. THUMMA KALLĀ SAWFA TA`LAMŪN.
5. KALLĀ LAW TA`LAMŪNA `ILMAL YAQĪN.
6. LA TARAWUNNAL JAḤĪM.
7. THUMMA LA TARAWUN-NAHĀ `AYNAL YAQĪN.
8. THUMMA LA TUS’ALUNNA YAWMA-’IDHIN `ANIN-NA`ĪM.

1. Rivalry for hoarding wealth diverts you (from Allāh سبحانه وتعالى),
2. Until (through death) you visit the graves.
3. But nay, you shall soon know (the reality).
4. Again, you shall soon know!
5. If you but only knew with the certainty of knowledge,
6. That you shall definitely see Hell-fire!
7. And again, you shall definitely see it with the certainty of sight!
8. Then, you will definitely be questioned on that day regarding these gifts (that you were bestowed).

Total Verse		Sūrah
3/٣	Al-`Aṣr THE DECLINING DAY سورة العصر	26/٢٦

بِسْمِ اللّٰهِ الرَّحْمٰنِ الرَّحِيْمِ

وَالْعَصْرِ ۝١ إِنَّ الْإِنْسَانَ لَفِي خُسْرٍ ۝٢ إِلَّا
الَّذِينَ اٰمَنُوا وَعَمِلُوا الصّٰلِحٰتِ وَتَوَاصَوْا
بِالْحَقِّ وَتَوَاصَوْا بِالصَّبْرِ ۝٣

BISMIL-LĀHIR-RAḤMĀNIR-RAḤĪM

1. WAL `AṢR.
2. 'INNAL 'INSĀNA LA FĪ KHUSR.
3. 'ILLAL LADHĪNA 'ĀMANŪ WA-`AMILUṢ-ṢĀLIḤĀTI WA TAWĀṢAW BIL ḤAQQI WA TAWĀṢAW BIṢ-ṢABR.

1. By (the essence of) Time,
2. Verily Man is in loss,
3. Except those who have Faith, and do righteous deeds, and enjoin upon Truth, and upon Patience.

Total Verse		Sūrah
9/٩	al-Humazah THE TRADUCER سورة الهمزة	27/٢٧

بِسْمِ اللّٰهِ الرَّحْمٰنِ الرَّحِيْمِ

وَيۡلٌ لِّكُلِّ هُمَزَةٍ لُّمَزَةٍ ﴿١﴾ الَّذِى جَمَعَ مَالاً
وَّعَدَّدَهُ ﴿٢﴾ يَحۡسَبُ أَنَّ مَالَهُۥٓ أَخۡلَدَهُ ﴿٣﴾
كَلَّا لَيُنۢبَذَنَّ فِى الۡحُطَمَةِ ﴿٤﴾ وَمَآ أَدۡرٰكَ مَا
الۡحُطَمَةُ ﴿٥﴾ نَارُ اللّٰهِ الۡمُوقَدَةُ ﴿٦﴾ الَّتِى تَطَّلِعُ
عَلَى الۡأَفۡـِٔدَةِ ﴿٧﴾ إِنَّهَا عَلَيۡهِم مُّؤۡصَدَةٌ ﴿٨﴾ فِى
عَمَدٍ مُّمَدَّدَةٍ ﴿٩﴾

BISMIL-LĀHIR-RAḤMĀNIR-RAḤĪM

1. WAYLUL-LI KULLI HUMAZATIL LUMAZAH.
2. ‘ALLADHĪ JAMA-`A MĀLAW-WA `ADDADAH.
3. YAḤSABU ‘ANNA MĀLAHŪ ‘AKHLADAH.
4. KALLĀ LAYUM-BADHANNA FIL-ḤUṬAMAH.
5. WA MĀ ‘ADRĀKA MAL ḤUṬAMAH.
6. NĀRUL-LĀHIL MŪQADAH.
7. ‘ALLATĪ TAṬṬALI`U `ALAL ‘AF’IDAH.
8. ‘INNAHĀ `ALAYHIM MU’ṢADAH.
9. FĪ `AMADIM MUMAD-DADAH.

1. Woe to every slandered and backbiter,
2. Who gathered wealth and stored it,

3. Thinking that his wealth will make him last forever;
4. Never! He will be flung into the Ḥuṭamah, (lit. destroyer)
5. And what will explain to you what the Ḥuṭamah is?
6. (It is) the Fire of Allāh kindled (to become Hell as present),
7. That which strikes into the heart,
8. It shall become a vault over them (entrapping them).
9. In columns outstretched.

Total Verse 5/٥	al-Fīl THE ELEPHANT	سورة الفيل	Sūrah 28/٢٨

بِسْمِ اللَّهِ الرَّحْمَٰنِ الرَّحِيمِ

أَلَمْ تَرَ كَيْفَ فَعَلَ رَبُّكَ بِأَصْحَٰبِ الْفِيلِ ﴿١﴾
أَلَمْ يَجْعَلْ كَيْدَهُمْ فِي تَضْلِيلٍ ﴿٢﴾ وَأَرْسَلَ
عَلَيْهِمْ طَيْرًا أَبَابِيلَ ﴿٣﴾ تَرْمِيهِم بِحِجَارَةٍ مِّن
سِجِّيلٍ ﴿٤﴾ فَجَعَلَهُمْ كَعَصْفٍ مَّأْكُولٍ ﴿٥﴾

BISMIL-LĀHIR-RAḤMĀNIR-RAḤĪM

1. 'A LAM TARA KAYFA FA-`ALA RABBUKA BI 'AṢḤĀBIL FĪL.
2. 'A LAM YAJ`AL KAYDAHUM FĪ TAḌLĪL.
3. WA 'ARSALA `ALAYHIM ṬAYRAN 'ABĀBĪL.
4. TARMĪHIM BI ḤIJĀRATIM MIN SIJJĪL.

5. FA JA-`ALAHUM KA-`AṢFIM MA'KŪL.

1. Do you not see how your Lord dealt with the people of the Elephant?
2. Did He not make their plan go wrong (disastrous for them)?
3. And He sent against them incessant armies of birds,
4. Striking them with stones of hardened clay.
5. He made them like a barren straw field, Which had been chewed up.

Total Verse 4/٤	al-Quraysh THE QURAYSH	سورة القريش	Sūrah 29/٢٩

بِسْمِ اللَّهِ الرَّحْمَٰنِ الرَّحِيمِ

لِإِيلَٰفِ قُرَيْشٍ ﴿١﴾ إِۦلَٰفِهِمْ رِحْلَةَ الشِّتَآءِ
وَالصَّيْفِ ﴿٢﴾ فَلْيَعْبُدُوا۟ رَبَّ هَٰذَا الْبَيْتِ ﴿٣﴾
الَّذِىٓ أَطْعَمَهُم مِّن جُوعٍ وَءَامَنَهُم مِّنْ
خَوْفٍۭ ﴿٤﴾

BISMIL-LĀHIR-RAḤMĀNIR-RAḤĪM

1. LI 'ĪLĀFI QURAYSH.
2. 'ĪLĀFIHIM RIḤLATASH-SHITĀ'I WAṢ-ṢAYF.
3. FAL YA`BUDŪ RABBA HĀDHAL BAYT.

**4. ALLADHĪ ‘AṬ`AMAHUM MIN JŪ`
WA ‘ĀMANAHUM MIN KHAWF.**

1. For the caravans of the Quraish,
2. Their caravans journeying by winter and summer
3. They need worship the Lord of this House (Ka’bah),
4. He Who feeds them against hunger,
And secures them against fears.

Total Verse 7/٧	al-Mā` ūn ALMS GIVING	سورة الماعون	Sūrah 30/٣٠

بِسْمِ اللّٰهِ الرَّحْمٰنِ الرَّحِيْمِ

أَرَءَيْتَ الَّذِى يُكَذِّبُ بِالدِّيْنِ ۝١ فَذٰلِكَ
الَّذِى يَدُعُّ الْيَتِيْمَ ۝٢ وَلَا يَحُضُّ عَلٰى
طَعَامِ الْمِسْكِيْنِ ۝٣ فَوَيْلٌ لِّلْمُصَلِّيْنَ ۝٤
الَّذِيْنَ هُمْ عَنْ صَلَاتِهِمْ سَاهُوْنَ ۝٥ الَّذِيْنَ
هُمْ يُرَآءُوْنَ ۝٦ وَيَمْنَعُوْنَ الْمَاعُوْنَ ۝٧

BISMIL-LĀHIR-RAḤMĀNIR-RAḤĪM

1. ‘A RA-’AYTAL LADHĪ YUKADH-DHIBU BID-DĪN.

2. FADHĀLIKAL LADHĪ YADU`-`UL YATĪM.
3. WA LĀ YAḤUḌ-ḌU `ALĀ ṬA-`ĀMIL MISKĪN.
4. FA WAYLUL LIL MUṢAL-LĪN.
5. 'ALLADHĪNA HUM `AN ṢALĀTIHIM SĀHŪN.
6. 'ALLADHĪNA HUM YURĀ'ŪN.
7. WA YAMNA-`ŪNAL MĀ`ŪN.

1. *Do you see the one who denies the (impending) Judgment?*
2. *That is he who (harshly) repulses the orphan,*
3. *And encourages not the feeding of the destitute.*
4. *Woe betide those worshippers,*
5. *Who are neglectful of their Prayers,*
6. *Those who (offer worship for) show,*
7. *But refuse those who need help.*

Total Verse 3 / ٣	al-Kawthar ABUNDANCE	سورة الكوثر	Surah 31/٣١

بِسْمِ اللهِ الرَّحْمٰنِ الرَّحِيمِ

إِنَّآ أَعْطَيْنٰكَ الْكَوْثَرَ ۝ فَصَلِّ لِرَبِّكَ وَانْحَرْ ۝ إِنَّ شَانِئَكَ هُوَ الْأَبْتَرُ ۝

BISMIL-LĀHIR-RAḤMĀNIR-RAḤĪM

1. 'INNĀ 'A`ṬAYNĀKAL KAWTHAR.
2. FA ṢALLI LI RABBIKA WANḤAR.
3. 'INNA SHĀNI-'AKA HUWAL 'ABTAR.

1. To you (Muḥammad ﷺ) have We granted the Kawthar (Spring of Plenty).
2. Therefore offer prayers to your Lord and offer sacrifice.
3. For he who hates you; He will be cut off, (in Future from all good).

Total Verse		Sūrah
6/٦	al-Kāfirūn THE DISBELIEVERS سورة الكافرون	32/٣٢

بِسْمِ اللهِ الرَّحْمٰنِ الرَّحِيمِ

قُلْ يَٰٓأَيُّهَا ٱلْكَٰفِرُونَ ﴿١﴾ لَآ أَعْبُدُ مَا
تَعْبُدُونَ ﴿٢﴾ وَلَآ أَنتُمْ عَٰبِدُونَ مَآ أَعْبُدُ ﴿٣﴾
وَلَآ أَنَا۠ عَابِدٌ مَّا عَبَدتُّمْ ﴿٤﴾ وَلَآ أَنتُمْ عَٰبِدُونَ
مَآ أَعْبُدُ ﴿٥﴾ لَكُمْ دِينُكُمْ وَلِىَ دِينِ ﴿٦﴾

BISMIL-LĀHIR-RAḤMĀNIR-RAḤĪM

1. QUL YĀ ‘AYYUHAL KĀFIRŪN.
2. LĀ ‘A`BUDU MĀ TA`BUDŪN.
3. WA LĀ ‘ANTUM `ĀBIDŪNA MĀ ‘A`BUD.
4. WA LĀ ‘ANA `ĀBIDUM MĀ `ABATTUM.
5. WA LĀ ‘ANTUM `ĀBIDŪNA MĀ ‘A`BUD.
6. LA KUM DĪNUKUM WA LIYA DĪN.

1. Say: O you that reject Faith!
2. I worship not that, which you worship,
3. Nor will you worship that, which I worship.
4. And I will not worship that, which you worship,
5. Nor will you worship that, which I worship.
6. For you is your Way, and for me is mine.

Total Verse		Surah
3/٣	al-Naṣr THE SUCCOUR سورة النصر	33/٣٣

بِسْمِ اللَّهِ الرَّحْمَٰنِ الرَّحِيمِ

إِذَا جَآءَ نَصْرُ اللَّهِ وَالْفَتْحُ ﴿١﴾ وَرَأَيْتَ النَّاسَ
يَدْخُلُونَ فِي دِينِ اللَّهِ أَفْوَاجًا ﴿٢﴾ فَسَبِّحْ
بِحَمْدِ رَبِّكَ وَاسْتَغْفِرْهُ ۚ إِنَّهُ كَانَ تَوَّابًا ﴿٣﴾

BISMIL-LĀHIR-RAḤMĀNIR-RAḤĪM

1. 'IDHĀ JĀ'A NAṢRUL-LĀHI WAL FATḤ.
2. WA RA-'AYTAN-NĀSA YADKHULŪNA
FĪ DĪNIL-LĀHI 'AFWĀJĀ.
3. FA SABBIḤ BI ḤAMDI RABBIKA WASTAGHFIRH
'INNAHŪ KĀNA TAWWĀBĀ.

1. When the Help of Allāh comes, and Victory,
2. And you see the people enter Allāh's Religion in hordes,
3. So celebrate the praises of your Lord, and pray for His Forgiveness: for He is Oft-Returning (in forgiveness and mercy).

Total Verse		Sūrah
5/٥	al-Masad THE PALM FIBRE سورة المسد	34/٣٤

بِسْمِ ٱللَّهِ ٱلرَّحْمَٰنِ ٱلرَّحِيمِ

تَبَّتْ يَدَآ أَبِى لَهَبٍ وَتَبَّ ﴿١﴾ مَآ أَغْنَىٰ عَنْهُ
مَالُهُۥ وَمَا كَسَبَ ﴿٢﴾ سَيَصْلَىٰ نَارًا ذَاتَ
لَهَبٍ ﴿٣﴾ وَٱمْرَأَتُهُۥ حَمَّالَةَ ٱلْحَطَبِ ﴿٤﴾ فِى
جِيدِهَا حَبْلٌ مِّن مَّسَدٍ ﴿٥﴾

BISMIL-LĀHIR-RAḤMĀNIR-RAḤĪM

1. TABBAT YADĀ ‘ABĪ LAHABIW WA TABB.
2. MĀ ‘AGHNĀ `ANHU MĀLUHŪ WA MĀ KASAB.
3. SA YAṢLĀ NĀRAN DHĀTA LAHAB.
4. WAM-RA-’ATUHŪ ḤAMMĀLATAL ḤAṬAB.
5. FĪ JĪDIHĀ ḤABLUM MIM MASAD.

1. Destroyed be the hands of the Abū Lahab (Lit man of flames)! And may he be destroyed!
2. He will neither profit from his wealth, nor from his gains!
3. Burnt soon will he be in a Fire of blazing flames!
4. And his wife shall carry the (crackling) wood; as fuel!
5. Around her own neck will be a twisted rope of palm-leaf fibre.

Total Verse		Surah
4/٤	al-Ikhlāṣ ABSOLUTENESS سورة الاخلاص	35/٣٥

بِسْمِ اللَّهِ الرَّحْمَٰنِ الرَّحِيمِ

قُلْ هُوَ اللَّهُ أَحَدٌ ﴿١﴾ اللَّهُ الصَّمَدُ ﴿٢﴾ لَمْ يَلِدْ
وَلَمْ يُولَدْ ﴿٣﴾ وَلَمْ يَكُن لَّهُ كُفُوًا أَحَدٌ ﴿٤﴾

BISMIL-LĀHIR-RAḤMĀNIR-RAḤĪM

1. QUL HUWAL-LĀHU ‘AḤAD.
2. ‘ALLĀHUṢ-ṢAMAD.
3. LAM YALID WA LAM YŪLAD.
4. WA LAM YAKUL LAHŪ KUFUWAN ‘AḤAD.

1. Say: He is Allāh, the One (Unique);
2. Allāh, the Independent upon whom all depend;
3. He fathers not, nor is He fathered;
4. And there for Him is none alike.

Total Verse		Surah
5/٥	al-Falaq THE DAY BREAK سورة الفلق	36/٣٦

بِسْمِ اللَّهِ الرَّحْمَٰنِ الرَّحِيمِ

قُلْ أَعُوذُ بِرَبِّ الْفَلَقِ ﴿١﴾ مِن شَرِّ مَا خَلَقَ ﴿٢﴾

وَمِن شَرِّ غَاسِقٍ إِذَا وَقَبَ ﴿٣﴾ وَمِن شَرِّ
النَّفَّٰثَٰتِ فِي الْعُقَدِ ﴿٤﴾ وَمِن شَرِّ حَاسِدٍ إِذَا
حَسَدَ ﴿٥﴾

BISMIL-LĀHIR-RAḤMĀNIR-RAḤĪM

1. QUL ‘A`ŪDHU BI RABBIL FALAQ.
2. MIN SHARRI MĀ KHALAQ.
3. WA MIN SHARRI GHĀSIQIN ‘IDHĀ WAQAB.
4. WA MIN SHARRIN-NAF-FĀTHĀTI FIL `UQAD.
5. WA MIN SHARRI ḤĀSIDIN ‘IDHĀ ḤASAD.

1. Say: I seek refuge with the Lord of the Dawn,
2. From the mischief of created things;
3. From the mischief of Darkness as it overspreads;
4. From the mischief of those who blow on knots (practice witchcraft);
5. And from the mischief of the envious one as he practices envy.

Total Verse 6/٦	al-Nās THE MANKIND	سورة الناس	Sūrah 37/٣٧

بِسْمِ اللَّهِ الرَّحْمَٰنِ الرَّحِيمِ

قُلْ أَعُوذُ بِرَبِّ النَّاسِ ﴿١﴾ مَلِكِ النَّاسِ ﴿٢﴾

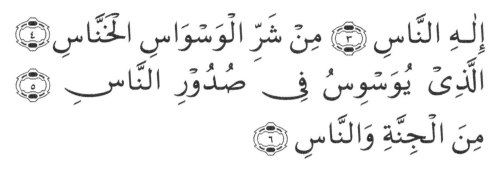

إِلَٰهِ ٱلنَّاسِ ﴿٣﴾ مِن شَرِّ ٱلْوَسْوَاسِ ٱلْخَنَّاسِ ﴿٤﴾
ٱلَّذِى يُوَسْوِسُ فِى صُدُورِ ٱلنَّاسِ ﴿٥﴾
مِنَ ٱلْجِنَّةِ وَٱلنَّاسِ ﴿٦﴾

BISMIL-LĀHIR-RAḤMĀNIR-RAḤĪM

1. QUL ‘A`ŪDHU BI RABBIN-NĀS.
2. MALIKIN-NĀS. 3. ‘ILĀHIN-NĀS.
4. MIN SHARRIL WASWĀSIL KHANNĀS.
5. ‘ALLADHĪ YUWASWISU FĪ ṢUDŪRIN-NĀS.
6. MINAL JINNATI WAN-NĀS.

1. Say: I seek refuge with the Lord of Mankind,
2. The Ruler over Mankind, 3. The God of Mankind,
4. From the evil of the whisperer, who (afterwards) withdraws,
5. Who whispers into the hearts of Mankind,
6. (Who are from) amongst the Jinns and Men.

TRANSLITERATION GUIDE

Please take note of the table below as our transliteration method may be different to those adopted by others.

The transliterated symbols are unvarying in pronunciation, e.g. the representation "s" will remain pronounced as "s" and not distort to "z" in any circumstance, e.g. Islām is *not* pronounced Izlām.

While every effort has been made to ensure the transliteration is as close to the Arabic as possible, no alphabet can ever fully represent another.

This is all the more true where recitation of Qur'ānic verses is concerned as this must adhere to the very precise science of Tajwīd. It is therefore imperative that the readers do not consider a transliteration a substitute for learning to read Arabic correctly from a competent teacher.

VOWELS

A / a	SHORT "A" AS IN "AGO"	**I / i**	SHORT "I" AS IN "SIT"
Ā / ā	LONG "A" AS IN "HAT"	**Ī / ī**	LONG VOWEL AS IN "SEE"
AY or AI	DIPHTHONG AS IN "PAGE"	**AW or AU**	DIPHTHONG AS IN "HOME"
'	ABRUPT START/PAUSE DOES NOT OCCUR IN ENGLISH	**U / u**	SHORT "U" AS IN "PUT"
		Ū / ū	LONG VOWEL AS IN "FOOD"

CONSONANTS

ب	B	"B" NO "H" ATTACHED
ت	T	"T" NO "H" ATTACHED
ث	TH	"TH" AS IN THIN
ح	Ḥ	"H" GUTTURAL SOUND
خ	KH	"KH" VERY GUTTURAL NO TONGUE USAGE
د	D	"D" NO "H" ATTACHED
ذ	DH	"TH" AS IN THEN
س	S	"S" ONLY - NOT "Z"
ش	SH	"SH" AS IN SHIN
ص	Ṣ	"S" WITH RAISED TONGUE

ض	Ḍ	"DH" USING SIDES OF THE TONGUE
ط	Ṭ	"T" WITH RAISED TONGUE
ظ	Ẓ	"TH" AS IN THEN, SOUND IS WITH RAISED TONGUE
ع	`	GUTTURAL SOUND - ACCOMPANIES VOWEL
غ	GH	"GH" VERY GUTTURAL NO TONGUE USAGE
ق	Q	"K" WITH BACK OF TONGUE RAISED
و	W	"W" READ - NOT SILENT
ي	Y	"Y" ONLY - NOT "I"

Note: Double consonants must be pronounced with emphasis on both letters without pause, e.g. **ALLĀHUMMA** should be read **AL-LĀHUM-MA.**

SYMBOLS

سبحانه وتعالى	SUBḤĀNAHŪ WA TA`ĀLĀ FOR ALLAH "GLORIFIED AND EXALTED IS HE"	صلى الله عليه وسلم	ṢALLALLĀHU `ALAYHI WA SALLAM FOR MUHAMMAD "PEACE BE UPON HIM"
رضي الله عنه	RAḌIYAL-LĀHU `ANHU FOR COMPANIONS "ALLAH BE PLEASED WITH HIM"	عليه السلام	`ALAYHIS-SALĀM FOR PROPHETS "PEACE BE UPON THEM"